［図説］

社長から
技術者へのメッセージ

開発行動の差別化

水島温夫 *mizushima atsuo*

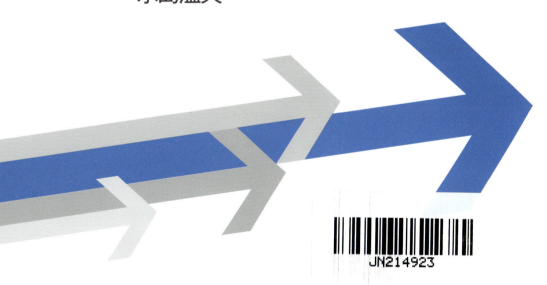

言視舎

目次
はじめに ··· 4

A 事業ゾーンの選択について　　わが社はあえてレッド・オーシャンで戦う

1 わが社は進化・変化のスピードで世界と戦う ·· 6
 1-1　世界を見ると４つの事業ゾーンがある ·· 7
 1-2　わが社は大型システム分野では勝てない ·· 8
 1-3　わが社は高級ブランドでは勝てない ··· 9
 1-4　わが社は規模の勝負では勝てない ··· 10
 1-5　わが社は進化・変化のスピードでの勝負なら勝てる ······································· 11

2 しかし、わが社の勝ちパターンに大きな問題が生じている ···························· 12
 2-1　境界領域で攻め込まれている ·· 13
 2-2　わが社が得意な進化・変化で勝負できる期間が短縮された ······························ 14
 2-3　開発技術者の疲弊が加速している ··· 15

3 それでも、わが社はレッド・オーシャンで勝ち抜く ·· 16
 3-1　トリレンマ(三重苦)であることを覚悟して第Ⅳゾーンで頑張って欲しい ······· 17
 3-2　第Ⅳゾーンを深耕することで６つの新たな事業展開が可能となる ·················· 18

結論とまとめ ·· 20

B 開発テーマの選定について　　わが社は事業カルチャーを重視して開発テーマの選定をする

1 開発テーマを製品新化軸と事業カルチャー軸の２軸で整理選定する ············ 22
 1-1　製品新化軸と事業カルチャー軸 ·· 23
 1-2　既存事業の深耕 (Involution) ·· 24
 1-3　同質事業カルチャー展開 (Evolution) ··· 25
 1-4　異質事業カルチャー展開 (Revolution) ··· 26
 1-5　わが社の製品・事業開発は多くの課題を抱えている ·· 27

2 わが社の事業展開は「滲み出し型」を基本とする ·· 28
 2-1　「同質・インクレメンタル」を基本とする ·· 29
 2-2　容易には変わらない強烈なわが社のDNA ·· 30
 2-3　事業カルチャーの壁に注意 ··· 31

3 あえて、事業カルチャーの飛び地を攻める場合は技術を武器にマイナー合弁方式を基本とする ·· 32
 3-1　「飛び地型」では自力での事業化を放棄する ··· 33
 3-2　本社部門は技術を武器にマイナー合弁方式で「飛び地」に橋頭堡をつくる ······ 34

結論とまとめ ·· 35

C 開発ゴールの設定について　わが社の開発技術者は事実上の業界標準（GDT）を開発ゴールとする

1 事業性視点で腹落ちした開発ゴールを設定する ································38
- 1-1 "胆識"がトライ＆エラー行動を加速する ································39
- 1-2 事業性は顧客価値に連動する ································40
- 1-3 わが社の事業戦略の基本は匠型である ································42

2 わが社の開発技術者のゴールはGDT製品の開発である ································43
- 2-1 GDT製品を開発すれば事業性は必ず保証される ································44
- 2-2 開発ゴールの単純化で開発行動のスピードアップと差別化が可能になる ································45

結論とまとめ ································46

D 開発行動の差別化について　わが社は"動き"で他社との差別化を図る

1 GDTに至る最短ルートを共有する ································48
- 1-1 GDTに至る最短ルートを認識する ································49
- 1-2 わが社の開発行動を4つの習慣化で他社と差別化する ································50

2 まず、開発部隊が点ではなく面としての"売り"を持つ（習慣化①）································51
- 2-1 わが社の技術体系を製品別から「顧客価値」別へ転換する ································52
- 2-2 "売り"はデスバレーに浮かぶ橋頭堡 ································53
- 2-3 "売り"のロードマップづくりと技術のブランド化を進める ································54
- 2-4 "売り"をつくる行動を加速する ································55

3 次に、10%サンプル試作の量とスピードで勝負する（習慣化②）································56
- 3-1 "ブツ"でのコミュニケーションを徹底する ································57
- 3-2 試作力で他社を引き離す ································58

4 さらに、"ブツ"をもってGLCキャラバンを何度も繰り返す（習慣化③）································59
- 4-1 開発技術者はGLCに的を絞る ································60
- 4-2 業界リーダー企業（GLC）を熟知するしくみをつくる ································61
- 4-3 "ブツ"を持って世界のGLCをキャラバンする ································62

5 最後に、一気に水平展開する準備をしておく（習慣化④）································63
- 5-1 業界標準スペックとモジュール化 ································64
- 5-2 営業に規格受注意識を持たせる ································65
- 5-3 一気にグローバルで業界標準をとる行動 ································66

結論とまとめ ································67

E 社長から開発技術者へのメッセージ

はじめに

"動き" が消えた

　あれよあれよという間に世界の中での日本企業の存在感が失われてしまった。失われた20年などと自虐的な論評も多いが高度成長期があれば、停滞や衰退期があるのは当然と考えた方が良い。経営環境は時計の短針のようにゆっくりと、しかし確実に変化する。日本の高度成長期は日本企業の経営体質がその時代環境に偶然フィットしたからである。逆に今、停滞しているのはフィットしていないからにすぎない。

　日本企業の経営体質は諸外国の企業のそれとは大きく異なる。イメージ的に言えば、諸外国の経営は経営陣で決めた戦略設計図という"形"を従業員が役割分担して具体化する。一方、日本企業では顧客満足というベクトルに沿って従業員の"動き"が先にあって、経営陣がそれを推進する組織、環境づくりをする。"形"先にありきの海外企業の経営と最前線の"動き"先にありきの日本企業という構図であろう。"動き"が日本企業の強さの本質と言える。高度成長時代は"動き"先にありきで世界の存在感を示すことができた。失われた20年間は"動き"ではなく"形"を重視した経営を指向したが日本企業にはフィットしなかった。その間に"動き"が日本企業から消えてしまった。そのように思えてならない。

"動き" の再構築で閉塞突破

　「"動き"先にありき」は日本企業の経営特性であり、DNAともいえる。世界の中で存在感を示すのであれば、「"形"先にありき」の経営への移行ではなく、新たな時代環境変化の波に乗るための"動き"をつくる方が理にかなっている。"動き"で差別化をすればよい。

　"動き"のDNAを再び覚醒させるマネジメントを加速することで日本企業が閉塞突破できると考えられる。新たな進化・変化の時代にあっては"動き"こそが強みになるはずだ。もちろん従来の現場任せの"動き"とは違う戦略的な"動き"でなければならない。

　開発部門においての課題は、世界の競合他社以上の開発行動の再構築と差別化である。

　本書では、そのために必要な4つのポイントについて整理した。

A: 事業戦略との連動
B: 開発テーマの創出と選定
C: 開発ゴールの設定
D: 目標ゴールに至る開発行動モデル

たたき台としての本書

　開発のやり方は業種や地域など、それぞれの企業を取り巻く外部環境や規模、社内人材によっても大きく異なる。一方、共通する部分も多い。日本企業は業種や規模を問わず相似形的であり、同じような問題を抱え閉塞している。

　本書では、できるだけ具体的なイメージを伝えるために、日本企業の縮図としてのモノづくり企業の開発部隊をモデルにした。本書で紹介する"動き"をたたき台にして、是非わが社版をつくっていただきたい。その過程で、「わが社の開発行動」について社長以下、経営幹部、リーダーが頭の整理をすることができる。そして、厳しい現実の中での覚悟と、その先にある可能性と希望を開発技術者にわかりやすく、熱い思いとして伝えていただきたい。

事業ゾーンの選択について

わが社はあえてレッド・オーシャンで戦う

わが社はこれまで目の前の顧客への対応をまじめに一生懸命やり続けてきた。
その顧客対応を通じて製品の「進化・変化のスピード」で事業を継続拡大して今日に至っている。
その努力の道のりは涙と汗の厳しいレッド・オーシャンでもあった。

改めて、今後もわが社はレッドオーシャンでしか生き残れないことを自覚して欲しい。
他に、選択肢はない。

わが社の事業領域はビジネスモデルや、仕組みで楽に利益が出せるブルーオーシャンではない。
厳しい道のりであることは確かだが皆で力を合わせれば決して世界を相手に勝てないことはない。
勝てる方法がある。そして、その主役は開発技術者にほかならない。

1　わが社は進化・変化のスピードで世界と戦う
　　　　1-1　世界をみると4つの事業ゾーンがある
　　　　1-2　わが社は大型システム分野では勝てない
　　　　1-3　わが社は高級ブランドでは勝てない
　　　　1-4　わが社は規模の勝負では勝てない
　　　　1-5　わが社は進化・変化のスピードでの勝負なら勝てる

2　しかし、わが社の勝ちパターンに大きな問題が生じている
　　　　2-1　境界領域で攻め込まれている
　　　　2-2　わが社が得意な進化・変化で勝負できる期間が短縮された
　　　　2-3　開発技術者の疲弊が加速している

3　それでも、わが社はレッド・オーシャンで勝ち抜く
　　　　3-1　トリレンマ(三重苦)であることを覚悟して第Ⅳゾーンで頑張って欲しい
　　　　3-2　第Ⅳゾーンを深耕することで6つの新たな事業展開が可能となる

結論とまとめ

1
A わが社は進化・変化のスピードで世界と戦う

大型のシステム構築力やブランド力、
そして事業規模の大きさでは海外企業と勝負にならない。
だが、わが社は「進化・変化のスピード」で勝つことができる。
製品開発についても同様である。

従って、わが社の開発技術者にとって
「進化・変化のスピード」が第一である。
その結果として売上高やブランド力がついてくる。
もちろん利益もである。

わが社が指向しているのは、
ビジネススクールで教えるようなビジネスモデルや、
規模拡大至上主義の経営とは一線を画した、
「進化・変化のスピードで勝つ」経営である。

1-1　世界を見ると4つの事業ゾーンがある

縦軸に製品の量産の程度、横軸に製品の複合度または構成要素の数をとって、世界の元気な企業の事業分野を分類すると、大きく4つの事業ゾーンに分かれる。
企業にはそれぞれ得意とする事業ゾーンがあり、その事業ゾーンの中で本業を深耕するとともに新規事業の開拓を進めている。
改めて、わが社の生存領域としての事業ゾーンの確認と徹底が必要である。

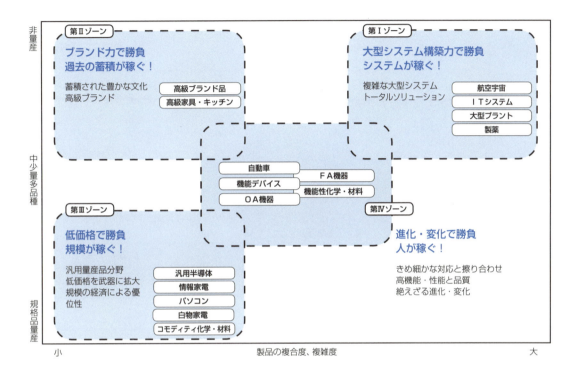

○**大型システムの第Ⅰゾーン**
　第Ⅰゾーンはシステムづくりがポイントで、そのシステムが稼ぐゾーン。航空宇宙、大型プラント、大規模ITシステムなど大型のシステムづくりの能力で勝負が決まる事業領域である。
　大規模なシステム事業は米国がやたら強い。IT系ではグーグルやアマゾン、金融業界ではマスターカードやVISAカードなど。インフラやプラントの大型エンジニアリング分野ではベクテル社などいくらでも挙げることができる。

○**高級ブランドの第Ⅱゾーン**
　第Ⅱゾーンはブランドが稼ぐゾーンである。ヴィトン、アルマーニなど高級ブランドは欧州の強さが目立つ。超高級マンションのシステムキッチンもドイツなど欧州企業が圧倒的強さを誇っている。15世紀のルネッサンス以来蓄積された生活の豊かさが基盤となっている。それらを一つのコンセプト、ブランド・アイデンティティにまとめてビジネス展開することに長けた企業が繁栄している。

○**量産低価格の第Ⅲゾーン**
　第Ⅲゾーンは規模が稼ぐゾーンである。家電製品、パソコン、携帯電話、汎用メモリー、量産型化学品など、大規模な生産設備や販売拠点への投資がポイントとなる。汎用量産品の事業領域でもある。
　高度成長期に日本企業はこのゾーンで世界を席巻し、大変元気だったが、現在は覇権争いから一歩退いた状況にある。

○**機能・性能の第Ⅳゾーン**
　第Ⅳゾーンは人が稼ぐゾーンである。産業機械、OA機器、スペシャリティ・ケミカル、自動車、デバイスなどきめ細かな少量多品種生産と常に改良改善による性能アップがポイントとなる事業領域。ここは日本企業の強さがやたらと目立つ。
　エレクトロニクス向けのスペシャリティ・ケミカルの分野では何と世界の70％のシェアを日本企業が握っている。多くは、最終セットメーカーにとって、なくてはならないキーパーツ、キー素材を提供している。

1-2 わが社は大型システム分野では勝てない

わが社は、既存製品分野で新興国の低価格攻勢を受け苦戦している。そのため、高付加価値化の戦略として単品事業からシステム事業を指向しているが大きな成果は出ていない。欧米企業が得意とする大型システム事業はわが社にフィットしないと考えている。範囲の限られた中小システムであれば勝負できるが、大型システム事業では到底勝負にならない。

従って、わが社は当面大型システム分野を新規の事業展開として指向することはしない。開発技術者はわが社の製品・技術を中核に置いた中小システムで勝負してほしい。わが社のシステム化とはそういうことと理解してほしい。

 第Ⅰゾーン　複雑な大型システム構築　トータルソリューションのビジネス領域

☞ここがポイント！
大型システム構築力で勝負
システムが稼ぐ！
大型システムをつくること、またはシステムを廻すことで大きな利益を挙げている

第Ⅰゾーンは欧米企業の存在感が大きい

残念ながら、日本企業は第Ⅰゾーンでの存在感は全くない
中小型システムでは優れているが大型システム作りは下手

- 航空宇宙
  ・ボーイング（米国）　・エアバス（ＥＵ）
- ＩＴシステム
  ・グーグル（米国）　・IBM（米国）
- 大型プラント
  ・ACS(スペイン)　・ベクテル（米国）
- 製薬
  ・ロッシュ（スイス）　・ファイザー（米国）

○第Ⅰゾーンは欧米企業の存在感が大きい
大型で複雑なシステムを構築すること、または構築した大規模システムを運営することで大きな利益を挙げている事業ゾーンである。トータルソリューションを提供するビジネス領域でもある。個別に最適なシステム、インフラを提供することで顧客価値を提供している。
強さの源泉は大型システム構築力といえる。残念ながら、日本企業はこの第Ⅰゾーンでの存在感は全くない。FAシステムのような中小型システムでは勝てるが、大型システムのビジネスでは存在感が薄い。

○航空機業界
大型旅客機ではボーイング社、エアバス社が世界で圧倒的に強い。中小型ではボンバルディア社など欧米勢が強い。日本企業では小型ジェットでは新規参入のホンダが頑張っている。一方、三菱重工のジェット機MJRは決してスムーズとは言えない事業展開に陥っている。日本企業の航空機業界での存在感は小さい。

○ITシステム業界
グーグル、アップル、フェイスブック、アマゾンなどなどの米国発の巨大企業が、そのオリジナルコンセプトとITネットワーク構築力で圧倒的強さを示している。日本企業は同様なサービスを後発で展開しているが、主に国内に範囲が限られており規模も桁違いに小さい。

○インフラや大型プラント業界
世界最大のエンジニアリング会社の米国ベクテル社や発電プラントのGE社など、米国勢が強い。強さの源泉は大きな工場設備、インフラ設備を完成させて利益を稼ぐプロジェクト・マネジメント力である。日本企業は国内では頑張っているものの、海外大型物件では赤字を垂れ流すことが非常に多い。

○わが社はメゾシステムに可能性がある
わが社は単体製品と周辺を組み合わせたモジュールをモノづくりメーカーとしてそれなりの地位を築いてきた。今後もそれを基盤とすることに変わりはない。一方、単品やモジュール製品のかなりの部分が新興国などの新規参入によって価格競争に陥っていることも現実としてある。できれば高付加価値である大型システム事業に事業展開の舵を取りたいが、多くの日本企業が第Ⅰゾーンで日の目を見ていないし、わが社の力では無理と感じている。日本メーカーのシステム事業化やサービス事業化が叫ばれている中で、わが社のシステム事業とは何かを考えなければならない。現在の機器の周辺を取り込んだ中程度の大きさのシステムをつくり提供することはできそうである。わが社として特徴のある、顧客の問題を解決できるような中程度（メゾ）のシステムを開発するのである。

1-3 わが社は高級ブランドでは勝てない

これまでわが社は品質と機能・性能で顧客に選ばれてきた。欧州の企業に対抗して、高級ブランドをつくることには無理がある。
市場をアジア圏に限定するのなら、明治以来のアジアの中の先進国として高級ブランドをつくることができるかもしれない。
いずれにせよわが社がブランド音痴であることを前提として製品開発を進めることだ。その音痴を解決する具体的な方法として、自社の製品・技術と欧州企業のブランド構築力を合わせた企業連携による高級ブランドビジネスは可能である。
わが社の開発技術者は、その可能性を常に頭の隅で良いからおいて欲しい。

| 第Ⅱゾーン | 蓄積された豊かな文化
高級ブランドのビジネス領域 |

☞ここがポイント！
高級ブランド力で勝負
過去の蓄積が稼ぐ！
ルネッサンス以降世界の富を蓄積
その生活の豊かさをベースとしたブランドが稼ぐ

- 高級腕時計
  ・スウォッチグループ　・タグホイヤー
- 高級ファッショングッズ
  ・シャネル　・フェラガモ
- 高級スポーツ用品
  ・ヘリーハンセン
- 高級システムキッチン
  ・ジーマチック

第Ⅱゾーンは欧州企業が圧倒的に強い

日本は明治以来工業化を進めたが、15世紀以来世界の富が集中した欧州に比べれば豊かさの歴史が浅い
残念ながら第Ⅱゾーンでの日本企業の存在感は小さい

○第Ⅱゾーンは欧州企業が圧倒的に強い
過去の豊かさの蓄積が稼ぐ事業ゾーンである。欧州ではルネッサンス以降世界の富を集め蓄積。その生活の豊かさをベースとして、そこにブランドというレッテルを貼って大きく儲けている。ブランドづくりのテクニックも優れている。日本は明治以来工業化を進めたが、15世紀以来世界の富が集中した欧州に比べれば豊かさの歴史が浅い。アジア圏で健闘しているが、グローバルレベルでみると残念ながら第Ⅱゾーンでの日本企業の存在感は小さい。

○ウォッチ事業
1970年代セイコーやシチズンはクォーツ(水晶発振器)というハイテクを組み、その機能・性能でスイスメーカーを抜き、世界市場を席捲した。しかし、やがてウォッチ市場自体がコモディティ化してしまった。現在は、ラド、オメガなどの高級ブランドをもつスウォッチグループ、タグホイヤーなどスイス企業が強い。機能性能のビジネスではなく、高級ブランドのビジネスへと移るとともに日本企業の存在感が失われた。

○高級ファッショングッズ事業
ヴィトン、シャネル、フェラガモなど欧州企業が高級ブランドの世界を牛耳っている。バブル期には、日本人がヴィトンの世界売り上げの半分以上を買っていたとも言われている。今は新興国の富裕層が買いまくっている。日本企業は勝負できていない。

○スポーツ関連事業
ヘリーハンセン（ノルウェー）、アディダス（独）、プーマ(独)などスポーツグッズでの強さが欧州企業で目立つ。スキー、ウインドサーフィン、などのスポーツ器具も欧州企業の独壇場である。

○高級システムキッチン事業
例えば、ジーマチック社(独)のシステムキッチンが入っていれば超高級マンションといわれるというほどのブランド力がある。残念ながら日本のシステムキッチンメーカーはそこまでの高級ブランド力はない。国内市場を中心に、品質と使い勝手で勝負している。

1-4 わが社は規模の勝負では勝てない

わが社の製品構成をみると、当初は差別化されていたものの多くが汎用品化してしまい、価格競争に陥っている。競争相手は新興企業が多く、彼らは桁違いの規模で勝負してくる。わが社にも規模の勝負に出る選択肢はあるが、投資リスクやマネジメントリスクが大きく、従業員の将来を考えるとそれはできない。細部にこだわり、中身の差別化で勝負してきたわが社のマネジメント体質ではうまくいきそうもない。わが社の開発技術者は規模ではなく、中身で勝負できる製品開発を加速して欲しい。

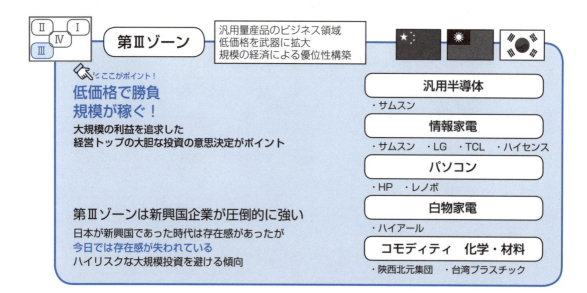

○第Ⅲゾーンは新興工業国が強い
この第Ⅲゾーンは汎用量産品のビジネス領域であり、低価格を武器に事業を拡大する事業領域。
経営の教科書に書かれている通り、規模の経済による優位性構築が求められる。規模の利益を追求した経営トップのリスクを伴う大胆な投資の意思決定がポイントといえる。
もともと工業新興国が強い事業領域でもある。日本の人件費が安い新興国であった時代は先進欧米諸国の製品を駆逐し存在感があったが、今日では存在感が失われている。

○汎用半導体
半導体の成長期には日本企業が世界をリードしていた。しかし、汎用化にともなう投資規模の巨大化は日本企業のマネジメント限界を超えてしまった。代わって、サムスンなどアジアの後発企業がその覇権を握ることになった。

○パソコン
パソコンもNEC、東芝、SONYなど、その成長期には日本企業の存在感が大きかった。時代が進み、インテルのプロセッサーとウインドウズのOSによる標準化、汎用化が進むとともに規模の勝負へと移行した。IBMからパソコン事業を買い取ったレノボ（中国）、アジアに生産拠点を持つHP、そして台湾メーカーが強い。

○情報家電・白物家電
テレビなどの汎用情報家電はサムスンやLG（韓国）とそれを追うTCLやハイセンス（中国）の強さが目立つ。白物家電ではハイアール（中国）が強い。日本企業は量を追うのではなく高級化に舵を切っているが、存在感はない。

○バルク（汎用）ケミカル
グラム当たりの価格で取引されるスペシャリティケミカルに対し、トン当たりの価格で取引される汎用化学品をバルクケミカルという。
例えば、産業のコメといわれる塩ビ樹脂では日本の信越化学が頑張っているが、全体としては中国、台湾企業の生産量が大きい。

○わが社は規模や価格での勝負はしない
わが社は多くの諸外国の企業が掲げる株主利益の最優先ではなく、従業員も同時に大切にする。従って、従業員のリストラの危険のある大きなリスクを伴う大規模投資は行えないし、規模で勝負する事業をうまくマネジメントする自信もない。もちろん、規模拡大を行うが、それはわが社の実力の範囲内に留める。規模ではなく、製品やサービスの中身で勝負したい。その中核は開発技術者である。

1-5 わが社は進化・変化のスピードでの勝負なら勝てる

わが社の初めから強い製品や技術があったわけではない。顧客と密着して、その要求にきめ細かく迅速に対応して製品と技術を磨いてきた。

事業の戦略や開発の戦略があったわけではない。日夜、目の前の顧客にひたすら対応してきた。その結果、気が付いてみたら機能性能で負けない、そして高品質の製品をつくる技術を蓄積していたのである。まさに、社員の汗と涙の結晶としての製品・技術がある。

顧客に正面から向き合い、その要求から逃げない対応、そのために創意工夫を重ね製品を進化・変化させるスピード。これこそがわが社のコアコンピタンスであり、これをさらに伸ばすことで勝負できる。

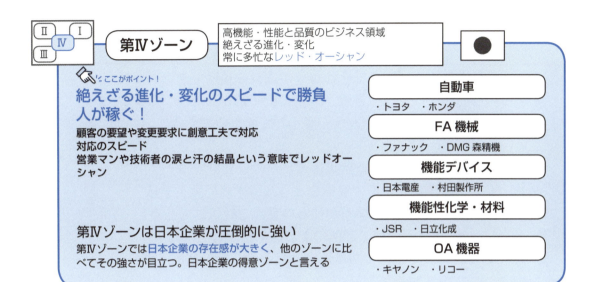

◯製品の進化・変化力で勝負するゾーン
この第Ⅳゾーンは製品の中身で勝負するゾーンである。日本企業の存在感が大きく、他のゾーンに比べてその強さが目立つ。製品を小刻みに進化・変化させる力が競争力の源泉であり、顧客はその差を価値として認めている。日本企業の得意ゾーンと言える。

◯レッドオーシャン
一方、この第Ⅳゾーンは営業マンや技術者の涙と汗の結晶という意味でレッドオーシャンでもある。顧客の要望や変更要求に創意工夫で迅速に対応し、製品やサービスを進化・変化させてきた。世界の中で、日本企業の営業マンほど顧客から多くの宿題を持ち帰る営業マンはいないと言われている。さらに、その宿題を技術者たちがひたすら対応している。そして、そのスピードも半端ではない。より高機能、より高性能と品質のビジネス領域では絶えざる進化・変化が宿命であり、常に多忙なレッド・オーシャンというわけである。

◯FA機器、OA機器
ファクトリーオートメーション分野の機器ではファナック、DMG森精機などが世界を相手に頑張っている。また、オフィスオートメーションではキヤノンやリコーが業界をリードしてきた。半導体など止まっているものでなく、動くもの、摺動部分のある機器分野では日本企業が強い。

◯機能性デバイス
小さくて高機能な部品分野も日本企業が強い。精密小型モーターの日本電産、マブチをはじめ電子部品では村田製作所など、日本企業の製品が世界の業界における事実上の標準になっている。

◯スペシャリティケミカル・機能材料
バルクケミカルでは存在感がないが、スペシャリティケミカルの分野ではJSR、日立化成など多数の化学会社が世界をリードしている。例えば半導体製造に使われる化学品ではその70％近くを日本企業が供給している。

◯わが社は第Ⅳゾーンで勝負する
わが社は当面第Ⅰゾーンから第Ⅲゾーンで存在感を出すことは無理がある。残された第Ⅳゾーンで勝負する。これまでの事業展開も決して明確な戦略として打ち出してはいなかったものの、振り返れば第Ⅳゾーンで戦っていた。今後は明確に第Ⅳゾーンを事業ゾーンと定めるので、その生命線である製品・サービスの進化・変化スピードに拍車をかけていってほしい。

2

しかし、わが社の勝ちパターンに大きな問題が生じている

80年代から第Ⅳゾーンでそれなりの成長を遂げてきたわが社だが、
その勝ちパターンに大きく、そして深刻な問題が生じ始めている。
経営環境が大きく変化してきたのである。

その第一は周辺領域からの侵食である。
事業システムで覇権をとった欧米の巨大企業は
圧倒的な強さでわが社との交渉を仕掛けてくる。
また、新興工業国による低価格攻勢もある。
わが社の安定基盤であった定番品が価格競争に陥っている。

第二は事業のライフサイクルが極端に短縮され、
その成長期の期間が圧縮されてしまい、
すぐ成熟、汎用化してしまうことである。
わが社の勝ちパターンである進化・変化で儲けられる期間が
短くなってしまった。

第三は、開発技術者の疲弊である。
顧客密着のきめ細かさで評価されてきた
わが社のやり方が限界にきている。
より効率的な開発が求められている。
これまでのやり方ではダメだ。
どう働き方改革するのかを考えなければならない。

2-1　境界領域で攻め込まれている

わが社の主戦場である第Ⅳゾーンは他の三つのゾーンに囲まれている。それぞれの境界領域では熾烈な攻防がくりひろげられている。第Ⅰゾーンとの境界は北部戦線である。大型システムやシステム的やり方を得意とする欧米企業との戦いである。第Ⅱゾーンとの境界は西部戦線であり、強力なブランド力で攻めてくる。さらに、第Ⅲゾーンとの境界が南部戦線である。低価格を武器に規模の経済で一気に攻めあがってくる。開発技術者もその厳しい現実を直視しなければならない。

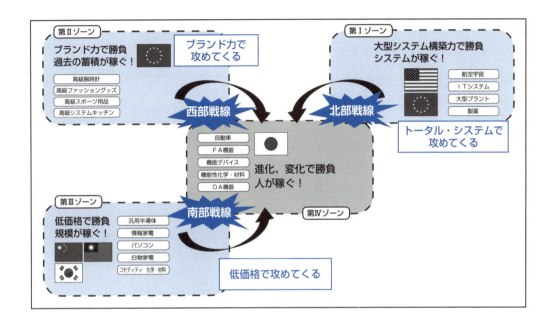

●北部戦線：トータルシステムで被せられる

わが社は単品の部品や、単一の装置ではその機能と性能、高品質で世界を相手に戦ってきた。しかし、北部戦線では常に欧米企業からのトータルシステム、トータルソリューションで被せられる。「被せられる」とは、デバイスや機器が欧米企業によって標準化され、日本企業が価格勝負だけのサプライヤーに封じ込まれることをいう。
例えば半導体製造装置の場合、日本企業は単体ベースでは強いが、装置を組み合わせたシステム全体の提供においては欧州企業に後れをとっている。水ビジネスも同様にフィルターモジュールなどの部品では世界をリードしているが、トータルシステム、トータルサービスとなると海外企業に負けている。日本のモノづくり企業はほとんど例外なく、常にトータルシステム・ソリューションを提供する欧米企業からの挑戦を受けているわけで、単品や装置の機能や性能面におけるわが社の進化が鈍化したり、止まったりしたとき、そのビジネスの主導権は即、第Ⅰゾーンのトータルソリューションが得意な欧米企業に移ってしまう危険性を抱えている。

●西部戦線：ブランド力で歯が立たない

高級ブランドは過去の豊かさの蓄積が勝負を決めるビジネスである。残念ながら日本は欧州と比べて豊かな時代の歴史が浅いので勝負できていない。今後も欧米企業は高級ブランドとして世界を相手に有利な展開をしていくはずである。高級ブランドではなく、今治の環境に優しいタオル事業、TOTOの清潔なトイレ事業、行き届いた宅配便ビジネス、モバイルゲームなど、日本の長い歴史に裏付けられた自然を大切にする文化、清潔、きめ細かなサービス、日本独自の漫画文化などは世界にブランドとして既に発信している有望な事業である。わが社の新製品もそのような視点でテーマアップして欲しい。

●南部戦線：規模で圧倒される

大量生産、低価格勝負の第Ⅲゾーンとの戦いは、新興工業国の台頭とともに、凄まじいものがある。中国などの新興国は大規模な設備投資による低価格攻勢をかけてくる。わが社を含む日本企業も海外に生産拠点をつくり対抗するものの、厳しい価格競争に押され気味である。わが社では、この状況に対処すべく、低価格での勝負を避け、さらなる高品質と高付加価値化をめざしてきたわけである。しかし、想定以上に新興国メーカーの品質向上という現実、高付加価値化が過剰品質になっている点など、これまでの方針の見直しに迫られている。

2-2 わが社が得意な進化・変化で勝負できる期間が短縮された

わが社の製品の多くが汎用化して価格競争に突入している。20年くらい前までは、製品ライフサイクルの進行スピードが遅く、したがって進化・変化で儲けることのできる成長期も長かった。先行企業の後を追いかけ、成長期にわが社は次々に高機能・高性能の製品を開発し、価格競争に陥ることなく規模と利益を拡大することができた。しかし、昨今は先行企業が一気にコモディティ化させる戦略をとり成長期が短縮される傾向にある。製品の成長期に儲けるわが社の従来の勝ちパターンがうまく機能しなくなっている。

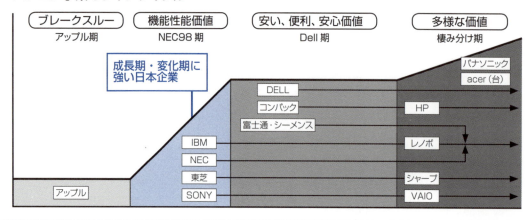

パソコン事業のライフサイクル　　　　出所：「技術者力の高め方」PHP研究所をもとに作成

○成長期に強い日本企業
パソコンを例にとってライフサイクルステージごとの競争力を考えてみよう。まずスティーブ・ジョブスが率いるアップルが画期的なマッキントッシュを開発しパソコンを市場に創造した。この導入期の後、パソコンの本格的成長期が訪れたわけであるが、ここでは日本企業の存在感が非常に大きかった。小型高性能を軸に、Sony、日立、NEC、東芝、富士通などが次々に新製品を世に送り出した。新製品は旧モデルの機能性能を一歩前進させたもので、日本企業が得意とするインクレメンタル・イノベーション(創意工夫による漸次的革新)を継続して競争優位を築いていた。

○成熟期に入ると急速に力を失う日本企業
しかし、市場が拡大し、グローバルレベルでのシェア競争の激化とともに事業が成熟化してきた。具体的にはインテル社のプロセッサーとマイクロソフト社のWindowsを搭載する標準仕様化が進み、量産・低価格のビジネスと変貌していった。機能性能の差よりも価格での競争のライフサイクル段階に突入したわけである。主役はデル社、HP(ヒューレットパッカード)、をはじめ台湾、中国のメーカーへと移っていった。成長期に強かった日本企業のパソコンビジネスの多くは新興国企業へ売却されることになった。汎用化されたら負けである。その中で、後発のパナソニック社にあっては、日本企業の強みである軽量化、超高品質に特化し、そこでのインクレメンタル・イノベーションを継続している。シェアは高くないが強いビジネス展開をしている。

○成長期が極端に短縮された
従来の日本企業の勝ちパターンは、先行製品の後追いで参入し、インクレメンタル・イノベーションを重ね、先行製品を追い抜くという優位性構築の方程式であった。しかし、最近のグローバルビジネスにおいては、市場創造と同時に標準化による量産化を一気に進め覇権をとるモデルが多くなっている。ライフサイクル理論で言えば、導入期から一気に成熟期にもっていくようなビジネスモデルである。成長期が極端に短縮されてしまった。成長期に機能・性能の進化力で覇権をとり、儲けるという日本企業の勝ちパターンが消えてしまったわけである。パソコン以外の半導体、電子部品など量産型産業財でも同様な状況にある。いきなり規模の勝負を仕掛けられるわけである。石橋を十分叩いて渡るという安全経営を基本とする多くの日本企業にとっては厳しい現実である。

○わが社の製品も例外ではない
わが社のビジネスについても同様な状況が展開されている。歴史の長い汎用型製品については新興国からの低価格攻勢を受けている。今のところは高品質と技術サービスを武器に顧客をつなぎとめているが、新興国のキャッチアップのスピードを考えればそれも時間の問題である。オーバーに言えば、汎用化されたら負けなのであり、汎用化されないように常に製品・サービスの進化・変化を継続しなければならない。これがわが社の宿命であり、正面から受け止めなければいけない。もちろん、そうはいっても製品にはライフサイクルがあり、ある時点で成熟・汎用化していくことは避けられない。そのような汎用品から利益をくみ上げるビジネスモデル作りは事業部門、営業部門での課題として別途戦略的に進めている。開発技術者はきめ細かな、継続的なイノベーションで長期にわたり勝てるような製品ジャンルの開発を考えてほしい。

2-3 開発技術者の疲弊が加速している

わが社が勝負する第Ⅳゾーンでの競争力は従来もそして、今後も絶えざる製品の進化・変化させる力であることが基本である。問題は、そのやり方を大きく変えなければならない状況にあることである。
多くの日本企業と同様に、わが社においても「お客様は神様」「CS最重視」を掲げ、顧客密着、即対応の努力を積み重ねて競争力を維持してきた。しかし、その副作用としての長時間労働にメスが入った。働き方改革の中で競争力を維持しなければならない。このままのやり方では生き残れない。開発技術者の行動モデルを変えなければならない。

◯ 50倍のきめ細かさで発展成長してきた
日本の化学メーカーが製造しているポリプロピレン樹脂の総品種は1万種類、一方海外の化学メーカー全体で製造している品種は200種類に絞り込まれている。単純に1万を200で割ると50という計算結果となる。ざっくりと言えば、日本企業は50倍のきめ細かさで顧客に向き合っているということである。技術サービスも同様である。ある大手化学企業の社長が「当社は製品を売っているのではない。技サ（技術サービスのこと）を売っている」と言い切っていた。
日本企業はキメ細かな顧客対応、サービスという顧客価値を最重視して、そのやり方でグローバルレベルでの優位性を構築してきた。海外企業の50倍の顧客接点エネルギーを使っているわけである。

◯ 一方では、忙酔病も蔓延している
忙酔病という言葉を辞書で引いても見つからない。これはある機械部品メーカーが社内で使っている方言のようなものである。忙酔病とはお客様の言うことを全部聞いて、一生懸命に忙しく対応して仕事をした気になっていることであり、そのことを戒める用語として使われている。顧客のニーズに対応すること自体悪いことではないが、何でも言いなり、手間暇の増大によるコストアップを考えない行動を戒めているわけである。もともと世界的な基準から見れば、日本企業はきめ細かく過剰対応しているわけだが、忙酔病までいくとまさに病気であり、そのような状況を長く続けることは不可能である。

◯ 客先日本企業の弱体化も無駄な開発につながっている
ある化学品メーカーは、日本の大手電子部品企業向けに機能化学品を納めている。その企業の開発技術者が悩みをぶちまけていた。顧客である日本企業が弱体化した。弱体化によってその企業の製品戦略がブレまくる。それでも、それに対応して化学品を開発提供している。
わが社にも顧客が上市するかどうか不確かな開発品の要求が多くなったという。わが社は開発に手を抜くことはしないが、無駄になる開発テーマが増大していることに何か手を打たなければならない。

◯ わが社は開発技術者行動の差別化で生き残る
限られた人数と時間の中で効率的な開発をしなければならない。より多くの製品開発をし、新製品を上市することがわが社の生命線である。
そのために、絞り込みを行う。絞り込みとして、①開発する市場分野　②製品・技術分野の選択と集中は他社も進めており、わが社においても進めている。それに加え、わが社独自の取り組みとして、「開発技術者行動の絞り込みと差別化」を進める。疲弊せずに結果を出し続けるために、開発技術者の行動を他社と差別化し、新たな競争環境、労働環境でも強さを持った企業にしたいと考えている。

3

それでも、わが社はレッド・オーシャンで勝ち抜く

第Ⅳゾーンはレッド・オーシャンであり、
楽に儲けることはできない。
だが、
システム音痴、ブランド音痴、規模音痴という三重苦のわが社に
他の選択肢はないという覚悟が必要だ。

わが社は第Ⅳゾーンでひきつづき戦い、勝つことができるが、
そのためには開発のやり方を少し変えなければならない。
後述するように、**開発技術者の新たな行動モデルをつくる**のである。

新たな行動モデルのもとに第Ⅳゾーンを深耕することで、
高収益企業への突破口を開くことができる。

3-1　トリレンマ（三重苦）であることを覚悟して第Ⅳゾーンで頑張って欲しい

日本企業の多くがそうであるように、わが社も三重苦を抱えている。システム音痴、ブランド音痴、規模音痴である。簡単には越えられない壁と考えている。日本人組織の共通の特徴だ。わが社でもシステム化、ブランド強化、規模による効率化を掲げてきた。

それはそれとして必要なことであるが、海外の競合他社と比べると見劣りがする。そこでは勝負できない。そうではなく、進化・変化のスピードで勝負する第Ⅳゾーンこそわが社の根幹の土俵と肝に銘じてほしい。

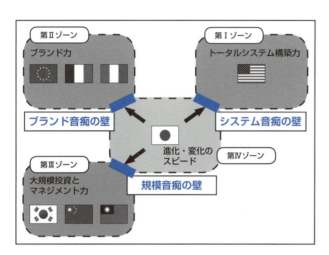

○システム音痴
日本企業にとって大型システムの事業は鬼門である。例えば1000億円を超えるような大きなプラントや、社会インフラといった大型システムを構築する海外エンジニアリング事業では過去数十年にわたりチャレンジしたものの、いつも大きな赤字を出して国内回帰をくりかえしてきた。幸い小型のシステム事業や、海外企業との競争のない国内では利益をあげることができたが、グローバルではだめだ。モノづくりでは世界をリードした誇り高い日本企業とは全く別の厳しい景色がみえる。
日本人集団が主導する組織はシステム音痴であることは明らかだ。わが社も同様である。

○ブランド音痴
高機能、高性能、高品質のモノをつくることには世界一の実力がある日本メーカーだが、ブランド、特に高級ブランドづくりについては音痴である。ブランドづくりには変わることのない一貫した個性、主張といった自己主張、アイデンティティが必要だが、これが苦手である。
もともと我を張るのではなく、相手に合わせることを美徳とする価値観からは独自性は生まれにくいのかもしれない。わが社もきめ細かく顧客に合わせることをビジネスの信条にしてきた。これは第Ⅳゾーンのビジネスには必須だが、その反面第Ⅱゾーンのブランドビジネスとは相容れない価値観である。

○規模音痴
日本企業は欧米や中国の企業に比べて企業規模が小さい。その背景の一つは企業理念に関するものだ。わが社もそうであるが、日本企業は従業員とその家族、取引先などを大切に考える。そのために急激な拡大に伴う大きなリスクをとることはしない。海外大手企業の多くは株主に向けての企業価値、短期的収益重視で大胆な規模拡大を行う。
もう一つの背景は、マネジメント様式のちがいである。日本の大手企業が順調に企業規模が拡大しているようであっても、一定規模を超えると機能不全に陥り、海外企業に企業ごと買収されたり、事業の売却をするケースが多い。責任と権限が明確で、事業の設計図を精緻につくりプロジェクト型で進める欧米型のマネジメントは大規模な組織運営に適している。一方、走りながら考えて周囲と擦り合せながら進める日本型マネジメントは規模勝負のビジネスに向いていない。わが社においても同様である。製品ライフサイクルの初期は差別化されていた製品も市場の拡大に伴い、新興国メーカーなど後発参入企業の増加に伴いコモディティ化し、規模の勝負になる。規模の勝負、価格勝負になった時点でグローバル競争についていけなくなっている。

○音痴のわが社は運動神経で勝負する
三重苦であることを悲観する必要はない。音痴は音痴で仕方がない。それに代わって、わが社にはそれを超える運動神経があることを忘れてはならない。音楽大学を目指すのではなく、体育大学を目指せばよい。第Ⅳゾーンで世界一の俊敏さで勝負すればいい。その素質はわが社のDNAの中に流れている。きめ細かな進化・変化を生み出すことでは世界の中で一歩も引けをとらない企業になるのである。

3-2　第Ⅳゾーンを深耕することで６つの新たな事業展開が可能となる

わが社は第Ⅳゾーンで進化・変化のスピードで世界を相手に戦う。このことに一分の揺らぎもない。当面はそこに注力する。その注力の結果、第Ⅳゾーンを深耕することで長期的には他のゾーンとの境界領域、さらに他のゾーンのど真ん中へ攻め込むことも夢ではない。大きく分類すると６つの事業展開が可能であり、事例もある。

第Ⅳゾーンを深耕することが、次の世代の社員たちに新たな事業ゾーンでの展開を可能にする武器を与えることになるという信念と誇りをもって、開発技術者は第Ⅳゾーンの製品開発を加速させてほしい。決して丸腰で周辺領域に飛び込んではいけない。返り討ちにあうだけである。

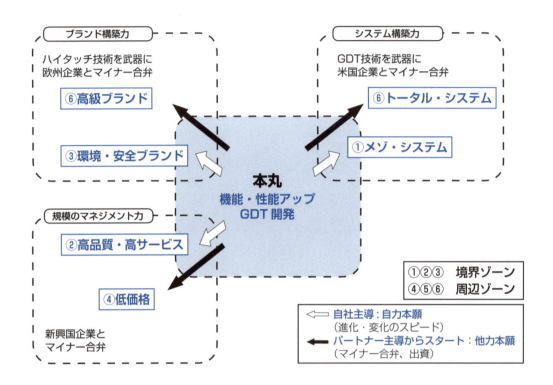

○わが社には第Ⅳゾーンを基軸に６つの事業展開の可能性がある

当面は第Ⅳゾーンの深耕に全力をつくす。ここがわが社の本丸であり、ここが弱くてはいかなる事業展開の可能性も消えてしまう。であるから、世の中のシステム化、サービス化などの流行りに乗って安易に周辺領域に事業展開することはしない。決して第Ⅳゾーンをおろそかにすることはしない。そして、開発技術者がこの第Ⅳゾーンで結果を出してくれれば、それを武器に周辺分野への事業展開が現実味を帯びてくる。

そうなれば、わが社として、現在の本丸である第Ⅳゾーンのみに特化して進化・変化のスピードで世界に存在感を示すのもよし、あるいは第Ⅳゾーンで開発したキーとなる製品を武器にして周辺ゾーンへの展開を行い、多様なビジネスモデルを持つ企業として存在感を高めるのもよい。将来に向けて境界領域と周辺領域を合わせて６つの事業展開の選択肢を持てることになる。

○①メゾ・システム事業

メゾとは中間、中程度の大きさという意味である。音楽ではメゾソプラノ、メゾフォルテなど音の高さや、大きさが中程度であることを示す接頭辞である。本書では、メゾ・システムを中程度の大きさの自律したシステムという意味で使う。大規模システムでは全く勝てないわが社も、限られた範囲のシステムであれば、自社のキーとなるハードを中核に周辺部分を取り込んで十分勝負できる。オリンパスの内視鏡システムや、ダイキンのパッケージエアコン事業などは日本企業がメゾ・システムで十分世界で勝てることを証明している。メゾ・システムは単に大きなシステムの部分という意味ではない。自律していなければならない。自律とは独自に進化させることができることで、ブラックボックスを内蔵していなければならない。開発技術者が開発するキーハードやソフトがその役割を担う。わが社もメゾ・システムで

あれば自力で事業展開可能と考えている。わが社のシステム化とは、ずばりメゾ・システム化なのである。

②高品質・サービス事業

第Ⅳゾーンの事業は機能性能という製品の中身の進化・変化で勝負する事業である。ライフサイクル段階の経過とともに、差別性が失われ価格競争に入ると規模の勝負になる。規模音痴のわが社では新興国企業との価格競争に勝てる気がしない。このような差別性の失われた他社並み品でも高品質と高サービスを際立たせることで世界に存在感を示すことができる。ファスナーのメーカーであるYKKは多くの新興国メーカーを押さえてその品質で業界トップを続けている。また、建設機械メーカーのコマツはGPSを活用したアフターケアサービスなど高サービスで世界2位を堅持している。また、船外機で世界の業界トップであるヤマハ発動機の強さは世界津々浦々までカバーするそのサービス・ネットワーク体制にあると言われている。

中核に差別化された製品があり、その周辺に他社並み品があるわけだが、他社並み品から利益をくみ上げる仕組みを作り上げている。わが社の事業部門も差別化が失われた他社並み品から利益をくみ上げる仕組みを一生懸命つくろうとしている。開発部隊は技術面で協力してやってほしい。

③日本型ブランド事業

ブランドビジネスというとアパレルや化粧品における高級ブランドを連想する。ブランドの意味はレッテルであり印であり、重要なのはそれが意味するもの、連想させるものであることはいうまでもない。高級ブランドづくりにおいては音痴である日本企業では安心と環境ブランドなどが有望である。例えば、中国企業の低価格攻勢でその大半が倒産したという四国今治地域の日本のタオル業界にあって、池内タオルが環境にやさしい高品質なタオルということで世界に存在感を示したことは有名である。

ブランド音痴のわが社でも安心神話、安心ブランドで高付加価値ビジネスをつくれる可能性は十分ある。わが社の"売り"として、安心ブランドをつくれるかどうかを開発技術者も事業部門の人たちとお互いの考えを擦り合せて欲しいものである。

④ボリュームゾーンのビジネスは新興国を活用

第Ⅳゾーンのビジネスでは製品ライフサイクル段階が進むと幸いそのまま第Ⅳゾーンにとどまり、わが社のやり方で儲けることができる製品群もあるが、中にはその市場が拡大してわが社のキャパシティを超えるボリュームゾーンの製品になることがある。当然、多くの企業が参入して価格競争が激しくなる。わが社は規模音痴であるから、このようなボリュームゾーンでは不利である。しかし、利益をあきらめることはない。わが社にはそれらの製品を開発、製造した技術ノウハウの蓄積がある。その蓄積を活用して新興国企業と組み、低リスクでボリュームゾーンから利益をくみ上げ続けることができる。単にライセンス生産、OEM先としてではなく新興国企業に主導権をとらせるやりかたである。空調機メーカーのダイキン工業がインバータ技術を武器に中国の巨大企業である格力電器と進めたマイナー出資での合弁事業がその例である。ポイントは技術のライフサイクルの見極めのタイミングである。

⑤大型システム事業は欧米企業を活用

第Ⅳゾーンの深耕ができていれば、そこでの製品群の優位性を武器に、大型システム事業の得意な欧米の企業を活用して低リスクで大型システム事業へ参入することも可能である。例えば、工作機械のリーディングカンパニーであった森精機はドイツのリーディング企業をM&Aして工作機械単体とともに、インダストリー4.0で進められている工場の大型トータルシステム事業にも参入している。まず、ドイルのDMG社にマイナー出資し、長い時間をかけて信頼関係をつくり、企業文化を互いに理解した上で、両社のベストセレクションとしてM&Aに至った。システム音痴の日本企業が第Ⅰゾーンの大型システム事業に参入するには、マイナー出資などから始めて、長い時間をかけてじっくり事業文化の学習をして進めなければならないという良いお手本である。

わが社も第Ⅰゾーンへ事業展開する場合はそうしなければならない。急激なM&Aで悲惨な結果に終わっている日本企業の事例があまりにも多い。音痴がリードボーカルに固執したようなものである。

⑥ブランドビジネスは欧州企業を活用

第Ⅱゾーンの高級ブランド事業はわが社からかなり遠い距離にあるビジネスと思っているかもしれないが、わが社が第Ⅳゾーンを深耕することで事業展開の道が開けないことはない。機能性素材で業界をリードしている東レがそのよい例である。東レは巨大企業であるが、わが社と同じ第Ⅳゾーンを本丸とするメーカーである。第Ⅳゾーンのビジネスとして極細繊維を開発し国内ではエクセーヌという商標でそこそこのビジネスを展開していた。そのエクセーヌをより高付加価値のビジネスにすべく、高級ブランドビジネスでは日本のはるか先をいくイタリアの企業と合弁会社をつくりアルカンターラというブランドで展開し、高級ブランド素材として大成功を収めた。あえて、パートナー企業にビジネス展開の主導権を与えたマイナー出資の合弁企業からスタートしたのである。

境界ゾーンは自力本願の展開、周辺ゾーンは他力本願の展開

わが社は、くどいようであるが第Ⅳゾーンが基本でありそこを深耕する。一方、第Ⅳゾーンを深耕することで新たな事業展開の可能性が芽生えてくる。①～⑥の事業展開の芽である。その内の①～③は境界ゾーンへの展開であり、わが社の社員がビジネスの主導権をとって進めてもリスクは少ない。一方、④～⑥の周辺ゾーンはわが社が音痴の事業ゾーンであることから、当初はパートナーに事業展開の主導権を取らせて、その間にわが社は時間をかけて学習するのが良い。わが社の社員とその家族を守るために大きなリスクは避けなければならないと思っている。

A 結論とまとめ

1 世界の元気な企業は４つの事業ゾーンのいずれかで戦っている
　　第Ⅰゾーン：大型システム構築力で勝負する事業
　　第Ⅱゾーン：ブランド構築力で勝負する事業
　　第Ⅲゾーン：規模で勝負する事業
　　第Ⅳゾーン：進化・変化のスピードで勝負する事業

2 わが社は、これまで第Ⅳゾーンで戦ってきた。システム音痴、ブランド音痴、規模音痴のわが社はそれ以外のゾーンでは勝てそうもない。今後も引き続き同じ第Ⅳゾーンで戦い続ける。

3 第Ⅳゾーンは絶えざる進化・変化で勝負する決して楽ではないレッドオーシャンであるが、世界を相手に勝てる。そして、その主役は開発技術者である。

4 第Ⅳゾーンを深耕することで、その差別化された製品を武器に、自力と他力で事業を大きく展開できる可能性を獲得できる。

　　自力本願で：
　　　　①メゾ・システム事業
　　　　②高品質・高サービス事業
　　　　③日本型ブランド事業

　　他力本願で：
　　　　④規模勝負の汎用量産品事業
　　　　⑤大型システム事業
　　　　⑥高級ブランド事業

開発テーマの選定について　B

わが社は事業カルチャーを重視して開発テーマの選定をする

わが社の主戦場は第Ⅳゾーンである。その第Ⅳゾーンは進化・変化のスピードが生命線の事業領域である。
他社以上の新製品・新規事業を開発しなければならない。開発の効率化が課題だ。

開発の成功と失敗の最大の要因は事業カルチャーである。わが社流のやり方で開発と事業化ができるものは成功の確率が高い。一方、わが社にとって異質の事業カルチャーの領域にある製品・事業開発の成功確率は極めて低い。

開発テーマの提案と選定にあたっては、市場の成長性、製品の新規性が重要なことは当然だが、それ以上にわが社にとって同質の事業カルチャーの開発テーマであることを確認しなければならない。

1　開発テーマを製品新化軸と事業カルチャー軸の2軸で整理選定する
　　　　1-1　製品新化軸と事業カルチャー軸
　　　　1-2　既存事業の深耕 (Involution)
　　　　1-3　同質事業カルチャー展開 (Evolution)
　　　　1-4　異質事業カルチャー展開 (Revolution)
　　　　1-5　わが社の製品・事業開発は多くの課題を抱えている

2　わが社の事業展開は「滲み出し型」を基本とする
　　　　2-1　「同質・インクレメンタル」を基本とする
　　　　2-2　容易には変わらない強烈なわが社の DNA
　　　　2-3　事業カルチャーの壁に注意

3　あえて、事業カルチャーの飛び地を攻める場合は
　　技術を武器にマイナー合弁方式を基本とする
　　　　3-1　「飛び地型」では自力での事業化を放棄する
　　　　3-2　本社部門は技術を武器にマイナー合弁方式で「飛び地」に橋頭堡をつくる

結論とまとめ

1
開発テーマを製品新化軸と事業カルチャー軸の２軸で整理選定する

わが社の開発テーマ全体を鳥瞰するにあたって、
２つの重要な軸を設定する。

一つは
製品がどれ位新しく、画期的なのかを示す軸である。
製品・技術のイノベーションのレベルと言ってもいい。
技術開発の難しさの指標である。

もう一つは
事業カルチャーが既存事業とどれくらい近いのか遠いのかを示す軸である。
わが社の事業カルチャーで比較的容易に儲けることができるのか、
それとも儲けることがかなり難しいのかを認識するための指標である。
技術的な難しさ以上に
事業カルチャーの壁を超えることは容易なことではない。

1-1 製品新化軸と事業カルチャー軸

開発テーマを整理する方法はいろいろある。例えば古典的なアンゾフのマトリックスでは縦軸に市場、横軸に製品をとって整理しているがやや大味の感を免れない。わが社としては、日本企業の技術開発特性、事業展開特性にマッチした（製品新化）×（事業カルチャー）マトリックスで既存テーマを整理するとともに、新規テーマの位置づけをおこなう。

（製品新化）×（事業カルチャー） マトリックス

〈製品新化〉		I 深耕 involution 既存事業	II 進化 evolution 同質事業カルチャー	III 革命 revolution 異質事業カルチャー
C	革新的 Breakthrough innovation	自社の革新的新製品	自社と同質・類似の事業領域での革新的な新製品の先駆け開発	異質な事業領域で先住企業と市場創造 東レ＆アルカンターラ トヨタ＆ソフトバンク
B	漸進的 Incremental innovation	自社の新製品開発	自社と同質・類似の事業領域での既存他社製品の先をいく開発（後発参入）	異質な事業領域で先住企業と既存他社製品の先をいく共同開発 クラリオン＆ケアボット㈱
A	更新的 Renovation	カスタマイズ開発 品番追加	同業、同質事業領域での合弁・M&A	自社とは異質な事業環境で先住企業と合弁・M&A ダイキン／DMG 森精機

＜事業カルチャー＞

○製品新化軸
製品新化軸は開発する製品・サービスの新しさの程度で3つに分ける。
- A：更新　renovation　　　　　既存製品のモデルチェンジなどお化粧直し、カスタマイズなどをいう。製品の機能・性能では既存のものとほぼ同じレベルである
- B：漸新　incremental innovation　機能・性能面で既存製品の中身が一段レベルアップされた新製品
- C：革新　breakthrough innovation　誰も気づかなかった、あるいは気づいていても実現できなかった画期的な新製品

○事業カルチャー軸
事業カルチャー軸は、開発する製品・サービスの事業展開のやり方で3つに分ける
- I：深耕　involution　既存事業の枠組の中で、既存事業の仕組みに乗せて製造販売する製品・サービスの開発。本業の維持発展を目的とした製品開発でもある
- II：進化　evolution　既存事業と類似した事業展開のやり方（同質事業カルチャー）で製造販売する製品の開発・・・同質事業カルチャーの新規事業
- III：革命　revolution　既存事業とは全く異なる事業展開のやり方（異質事業カルチャー）、いわゆる「飛び地型」で製造販売する製品の開発・・・異質事業カルチャーの新規事業

○ "novation" と "volution" の意味
イノベーションのノベーション（novation）はラテン語に由来する「何か新しいこと」という意味。
リノベーションは接頭語に再びという意味の接頭辞 re- をつけたもので、室内の改装という意味でも多く使われている。表層的な新しさ。
イノベーションは novation に内部へという意味の接頭辞 in-がついたもので、中身の新しさ。
インクレメンタル・イノベーションは急激な、あるいは大きなイノベーションではなく、漸進的、連続的、段階的な新しさ。
ブレークスルー・イノベーションは画期的な、世の中が驚くようなイノベーションであり、真に革新的な新しさ。

進化を意味するエボリューションのボリューション(volution)はラテン語に由来する「展開・回転」を意味することば。
内向きという意味の接頭辞in-のついたinvolutionは渦のように内向きに展開していく。既存事業の深耕のイメージ。
外向きという意味の e- のついたevolutionは巻物が転がるように、外側に展開していく。周辺へ事業を展開させる進化である。ダーウインも生物の進化にevolutionという言葉を使っている。
Revolutionは再びという意味の接頭辞 re- がついたもので、回転して元に戻す、ひっくり返すということで革命と訳されている。既存事業を否定して全く新たな「飛び地」を指向することでもある。

23

1-2 既存事業の深耕（Involution）

既存事業の維持・拡大はわが社の基本であり、そのためのテーマは数限りなくある。その出どころは、目の前の顧客要求であったり、競合他社製品の後追いであったり、開発技術者の新たな発想であったり多様である。ここでは、それらを製品新化の度合いに応じて、更新的、漸進的、革新的の３つで整理する。

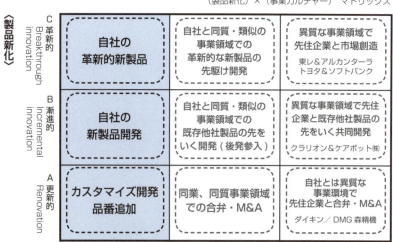

（製品新化）×（事業カルチャー）マトリックス

○ⅠＡ：既存自社製品のモデルチェンジ、カスタマイズのテーマが多い

わが社の既存の製品について顧客側からのチョットしたカスタマイズ要求にきめ細かく対応するＩＡテーマが多い。顧客満足度を高め、顧客をつなぎとめておくために重要な開発である。対応型ではなく、目新しさをセールスポイントとして売り上げを維持するために、機能性能といった本質的な差ではなく、見た目や流行を取り入れた開発テーマもある。目の前の顧客、目の前の市場を維持拡大させるためのテーマである。

しかし、これがわが社として、あるいは業界としてやり過ぎることによって消耗戦状態になっていることも確かである。開発技術者にとっては、テーマが与えられ、目標がはっきりしているために成果を出しやすいこともその一因である。

○ⅠＢ：既存自社製品の中身の差別化のテーマが小粒化

製品の中身の差で勝負したい開発技術者にとって本命ともいうべきテーマである。異なる技術分野の技術を複合化して機能・性能に磨きをかけるわけである。インクレメンタルな、そして絶えざる進化・変化が生命線であるわが社にとって、まさに中核ともいえる開発活動なのである。

しかし、一方では昨今テーマの小粒化も指摘されている。また、開発現場ではやりつくした感が蔓延していることも聞いている。開発技術者が諦めてしまっては既存事業は衰退してしまう。安易な市場成熟論、技術成熟論に陥ってほしくない。顧客要求に対応する開発ではなく、顧客視点での価値をつくり、提案する開発活動を活性化することで製品の進化・変化を加速させることができる。

○ⅠＣ：既存製品の画期的な革新は長期的に取り組む

わが社の現在の製品の中身や作り方をガラっと変えてしまうような画期的な開発である。そのような開発を目指したいが、それは確率の低いことも確かである。経営側のスタンスとしては宝くじであると認識しているが、技術者の夢であり、そこから派生する新たな技術にも期待できることから限られたヒト・モノ・カネを投入することとしている。東レの炭素繊維のように事業化まで30年以上かかるものもある。その間多くの企業が炭素繊維開発から撤退した。わが社の製品も素材という上流にさかのぼったブレークスルー・イノベーションの夢があり現在継続している。

○新たな異質の技術との複合化が重要

よく開発会議で議論されるのが既存製品の成熟化、ガラパゴス化、過剰品質化である。進化・変化でしか生き残れないわが社にとっては非常に大きな問題であり、これを真っ正面から向き合い突破しなければならない。突破するためには、既存の製品の機能性能を一段高めること、あるいは新たな価値を製品に付加することであるが、その実現手段は唯一、今までとは異なる技術分野との複合化である。イノベーションの定義についてはいろいろあるが、わが社にとって最も分かり易い定義は「異質と異質の複合、融合によって新たな価値を創り出すこと」である。

1-3 同質事業カルチャー展開 (Evolution)

同質事業カルチャーとは、わが社が現在行っている事業とおおよそ同じような事業のやり方、進め方のことである。つまり、社長以下従業員が共有している勝手知ったるやりかたと言ってもよい。たとえ既存事業とは違う製品領域や市場領域であっても、同質事業カルチャー展開であればわが社の社員が無理なく新規展開できるのである。
自分たちが変わっていくというまさに進化 (Evolution) なのである。わが社にとって最も重要な事業展開と位置付けている。

〈製品新化〉×〈事業カルチャー〉 マトリックス

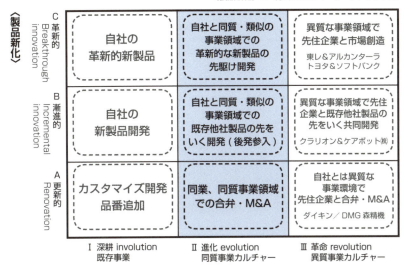

○ⅡA：事業部門主導による同質事業のM&A

同質事業展開の最もダイナミックなものはM&Aによる新規事業の取り込みである。経営に行き詰った他社の事業を買い取る。既存事業と同じわが社流で事業運営が可能であり、業績を回復させる自信があるからM&Aするわけである。
同質事業のM&Aは最もリスクの少ない新規事業展開の一つである。開発部門はM&Aした事業についている異質な技術を取り込み、これまでに蓄積してきた技術との複合化によって新たな「顧客から見た価値」の創造を試みてほしい。
M&Aによる同質事業展開の成功例としては日本電産が良く知られている。自社流が通用する同質事業カルチャーの事業に限って活発なM&Aを進めている。

○ⅡB：開発部門主導による同質事業への進出

開発部門が主導権を持って同質事業カルチャーの新規事業創出が非常に重要である。例えば、異業種の他社製品があり、わが社に蓄積された技術を組み込めば、その機能性能をワンランクアップさせることができる場合である。ビジネスのやり方がわが社のものとほぼ同じ、つまり同質事業カルチャーでマネジメントできる事業であれば成功の確率の高い新規事業開発が可能になる。わが社の開発技術者にお願いしたいことは、業種を超えて他社製品を見て、それを画期的でなくインクレメンタル(漸進的)で良いから新化できそうかどうかを広い視野で探し続けて欲しいということだ。ただし、同質事業カルチャーつまり、わが社流で事業展開できる製品・事業に限っての話である。

○ⅡC：革新的技術の自社開発または導入による同質事業への進出

同質事業カルチャー展開を前提とした革新的製品開発(Breakthrough Innovation)テーマである。革新的製品開発はそれ自体成功の確率は低いわけであるから、少くともその事業展開はわが社流でいけるテーマであってほしいというわけだ。開発技術者はテーマアップをする場合、その事業化までのシナリオも考え、それがわが社流でいけるかどうかを常に見定めて欲しい。
また、自社の技術を広く世界に発信してほしい。そこから、従来のビジネスの世界とは異なる新たなキッカケをつくることができる。開発技術者でなければできない発信とは何かも常に考えて行動してほしい。

○どこまでが同質的で、どこからが異質事業カルチャーなのかについて

判断基準はわが社の社員が主体的、主導的にその事業展開やマネジメントを進めることができるかどうかである。わが社の根源的実力は社員である。その社員の中に長年にわたって試行錯誤を繰り返しながら培ってきた「わが社流」がある。その社員たちが頑張れば何とか儲かるビジネスにできる範囲が同質事業カルチャーの事業である。開発技術者諸君は技術の新しさだけでなく「頑張ればわが社流を基本にして事業展開できるか」という鋭い目を持ってテーマを探索、提案して欲しい。
いつの時代にも市場や技術の大きな成長分野、変化分野は6〜8くらいある。その中で「わが社流」でビジネス化ができるテーマは沢山転がっているはずである。

1-4 異質事業カルチャー展開（Revolution）

異質事業カルチャーとは、これまでわが社が事業を成長させてきたやり方とは異なるやり方という意味である。わが社はコンポーネントという単品を開発、製造、販売してきた。競争力のもとは他社とは一味違う性能と品質である。そういう「顧客から見た価値」をトップから一般従業員まで一丸となって、長年にわたり磨き続けてきた。これがわが社の事業カルチャーである。一方、システム事業、サービス事業など周辺には異質であるが成長著しい事業領域がある。この異質な事業領域ではまさに革命的ともいえる事業カルチャーの転換を求められる。

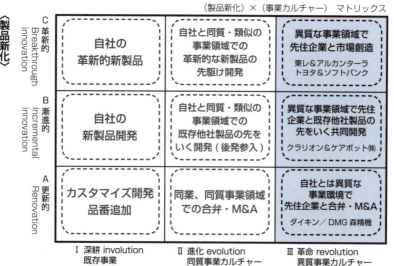

（製品新化）×（事業カルチャー） マトリックス

○ Ⅲ A：本社部門主導で飛び地事業の買収

飛び地とも言える異質事業カルチャーの展開で、短期的かつ最も派手なやり方はM&Aである。一方、これはまた大きく派手に失敗してマスコミに報じられたり、経営雑誌のやってはならない教訓記事となることも多い。わが社では基本的に異質なカルチャーの事業をいきなりM&Aするようなことはしない。段階的に異質の事業カルチャーを取り込むかたちで進める。また、このような異質な事業カルチャーの事業開発を社員に求めることはしない。本社が外部の人材を使って橋頭堡をつくり、時間をかけて取り込んでいく。異質事業カルチャーということでは本業の海外展開も同様である。DMG森精機社はそのお手本といえるが、ドイツ企業にマイナーな資本参加をし、互いの事業を理解し、信頼関係を築いた後にM&Aした。わが社も同様に段階を踏んだM&A展開を基本とする。

○ Ⅲ B：本社部門と開発部門による異質新規事業の開発

開発部門に強力な汎用性のある技術がある場合に、まずそれを同質事業カルチャーの新規事業開発の武器として使うことを優先することは既に強調した。成功の確率が高いからである。しかし、余力があるようであれば、さらにチャレンジングに異なる事業カルチャーの新規事業に展開してもよい。ただ、その場合、開発部隊は本社の異質事業展開を進める部署と連携して進めて欲しい。本社は異質な事業カルチャーに精通したパートナーとの間でマイナー出資の合弁会社（マイナー合弁）を設立し、そのパートナーにあえて主導権を持たせた事業開発をおこなうのが良いと考えている。

○ Ⅲ C：本社部門主導で外部企業との連携による異質新規事業の開発

このゾーンの開発テーマは実現までに多くの時間と紆余曲折が予想される。わが社として土地勘のない事業領域で、かつブレークスルー・イノベーションを狙うわけである。このようなテーマは基本的に取り上げない。取り上げるとすれば、わが社にとって大きなPR効果となり、優秀な技術人材をリクルートできるといったような副次的効果狙いである。わが社にとって夢は必要だが、博打（ばくち）はしない。

○ 異質事業カルチャーの事業展開の意味

誰のための事業展開なのかで整理するとその意味が明確になる。
同質事業カルチャーの事業展開は、今いる従業員が主体的に、主導権をもって元気に働ける事業の拡大である。わが社流であり、自分たち流で事業を開拓、展開していける。既存の事業にはライフサイクルがあり、いずれは縮小しなければならない。同質事業カルチャーの新規事業展開をしないということは、今そこで働いている従業員がリストラされるということに他ならない。同質事業カルチャーの展開は今いる従業員の将来の仕事を確保するという意味で、事業部門が他人事ではなく、自分たちの問題として本気で開発すべきものなのである。
一方、異質事業カルチャーの展開は株主のための事業展開である。企業の存続と発展のためにあえて異質の事業カルチャーの事業を展開する。今いる従業員に活躍の場は少ないかもしれない。外部の人材、企業を取り込んで事業を開発していくのが普通だからである。そのため、既存事業関係者のワクワク感がないのも異質事業カルチャーの新規事業開発の特徴である。本社の一部の人たちでやっている。「既存事業の俺たちは関係ないな。ひたすらコストダウンを求められるだけ」という不協和音が出ることもある。

1-5 わが社の製品・事業開発は多くの課題を抱えている

現在の製品・事業開発テーマをマトリックスで整理すると、わが社のテーマが左下のＡⅠに大きく偏っているのではないだろうか。
テーマの数が多く、開発技術者は日々頑張っているのはわかるが、問題はテーマのバランスと質である。開発技術者諸君もそのことに気が付いており、何とかしたいと思っているが、現在のテーマに忙殺されて先送りになっている。
自分たちの課題が何なのかを認識し、より多くの質の良い開発テーマをアップしなければならない。

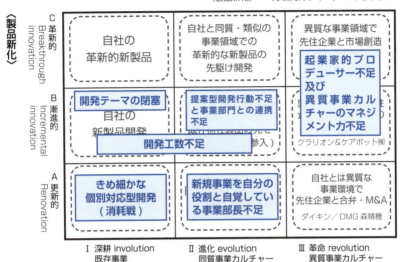

（製品新化）×（事業カルチャー）マトリックス

○開発工数不足
非常に多くの開発工数がＡⅠ(既存製品のリノベーション)に割かれているという問題がある。既存の製品のモデルチェンジであったり、顧客の要求に対応してカスタマイズする開発である。顧客満足第一、CS経営という経営基本方針があり、また短期的かつ確実に売上に直結することからわが社をはじめ日本企業の多くが最優先で対応している。開発技術者も明確な開発目標が与えられ、営業部門に喜ばれ、顧客に感謝されるわけであるから、どうしてもＡⅠゾーンに引きずられている。
しかし、その結果として既存製品の中身をレベルアップする開発(BⅠ)と新たな事業のための新製品開発(BⅡ)のテーマへの工数配分が不十分であり、開発が置き去りにされている。

○開発テーマの閉塞
既存製品の中身のレベルアップは既存事業の維持拡大に必須である。製品の新化が止まり、汎用化してしまうと瞬く間にコスト競争に突入し、後発の海外メーカーに侵食される。そのことが分かっているからわが社の開発技術者も既存製品のインクレメンタル・イノベーションを頑張ってきたわけである。問題は、最近中身のレベルアップのための開発テーマが枯渇しているように見える。ほとんどリノベーションに近いテーマである。継続的なインクレメンタル・イノベーションを目指すわが社の開発技術者に必要なことは、多くの異質技術の複合化である。イノベーションの定義は「異質と異質の新結合」であると言われており、より離れた分野の技術との接点を持つことが必須である。
では、どのようにして異質の技術を取り込めばよいのか。答えは、「顧客から見た価値」で技術を整理することである。技術シーズからでなく、「顧客から見た価値」でわが社の技術と他社、他機関、大学などの技術を整理し開発部隊の"売り"をつくることだ。

○組織的提案行動の欠如
顧客要求に対応するリノベーション開発は顧客が喜ぶがあまり儲からないし、ビジネスとしての広がりに欠ける。ビジネスの広がりと利益の拡大のためには対応型ではなく提案型の開発をしてほしい。顧客ニーズがまだまとまっていない段階でわが社の試作品を提案するのである。
残念ながらわが社の開発技術者の提案行動が他社より優れているとは言えない。要因のひとつは、すでに述べた顧客視点の"売り"を整理していないからだ。技術があれば対応はできるが、"売り"がなければ提案できない。わが社の弱点である。

○事業部門の自覚の欠如
同質事業のM&Aによる新規事業開発（AⅡ）の重要性について特に述べておきたい。このゾーンは本来事業部門が自分たちの新たな活躍の場として主導的に開拓すべき事業展開である。日本電産の同質事業のM&Aによる事業領域拡大は有名である。

2
わが社の事業展開は「滲み出し型」を基本とする

わが社の主戦場は第Ⅳゾーンである。
その事業ゾーンで開発テーマを選択するにあたっては
限られた開発技術者で最大の成果を出すことを最重要視する。
成功の確率の高いテーマを選ばなければならない。
そこでテーマの選定は「滲み出し型」だ。

「滲み出し」の意味は、
①事業カルチャーが地続きであること、
②段階的な製品・技術開発をすることである。
事業カルチャーが地続きであれば意思決定や開発のやり方に混乱は生じない。
また、段階的な開発であれば着実に製品と技術を進化させることができる。

まだまだ「滲み出し型」の潜在テーマが沢山ある。
安易にテーマの枯渇とか閉塞と言う前にやることがある。

2-1 「同質・インクレメンタル」を基本とする

「滲み出し型」テーマは既存製品と技術ブレークスルーの壁と異質カルチャーの壁に挟まれたゾーン（ＢⅠ、ＢⅡ、ＡⅡ）である。
このゾーンはわが社にとって最も重要であり、最優先なのであるがテーマの量と質において満足のいく現状ではない。
ＡⅡゾーンはＭ＆Ａなど事業部門が責任を持って主導する。開発部門の技術者はＢⅠ、ＢⅡゾーンに責任を持って主導してほしい。

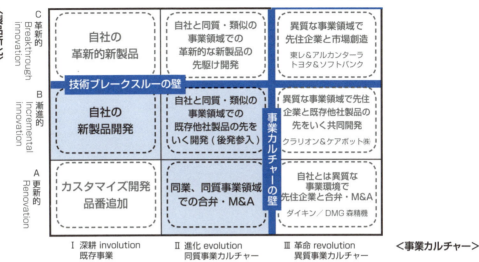

（製品新化）×（事業カルチャー）マトリックス

○ **なぜ、インクレメンタル・イノベーションなのか**
新化軸には、中身の機能・性能は変わらないお化粧直しや、カスタマイズのようなリノベーション、そして機能性能をレベルアップさせたインクレメンタル・イノベーション、さらに革新的なブレークスルー・イノベーションがある。ブレークスルー・イノベーションを生み出すことができればそれに越したことはないが宝くじを当てるくらい確率は低い。また、リノベーションだけでは未来はない。
わが社の開発はインクレメンタル・イノベーションを基本とする。機能・性能を段階的に既存のレベルより少し高めることを狙う。わが社を含む日本企業の多くはインクレメンタル・イノベーションに長けている。ブレークスルー・イノベーションはインクレメンタル・イノベーションを進める中から出てくれば儲けものととらえる。

○ **なぜ、同質事業カルチャーなのか**
社員の皆さんが既存事業を深耕し、強くしていくことは大前提であるが、事業にはライフサイクルがあり、いずれは衰退する。既存事業が元気なうちに次の新規事業を開発することが必要ということで、各社新規事業開発を盛んに進めている。わが社も同様に新規事業開発を進めるが、それは今共に働いている社員の皆さんがこれまでの経験、ノウハウや知識を活用して元気に活躍できるものでなくてはならないと考えている。つまり、今と同じような事業カルチャーの新規事業開発でなければならない。技術や市場は飛び地でよいが、事業カルチャーは同質であることが重要である。

○ **ＡⅡは事業部門が責任を持って進める**
同質の新規事業展開には、イノベーションを伴うＢⅡ、ＣⅡだけではない。他社の既存事業をＭ＆Ａで取り込むことも重要である。成長著しい日本電産は本業と事業カルチャーが類似している事業だけをＭ＆Ａしている。
わが社も既存事業と類似した事業カルチャーの事業であれば、技術や市場は飛び地でもＭ＆Ａして成長する。これは開発部門ではなく事業部門の大きな役目である。

○ **開発部門の最重点はＢⅡ**
滲み出し型の中で開発部門が特に重点を置いて欲しいのがＢⅡゾーンである。わが社の同質的新規事業展開の原動力はＢⅡゾーンのテーマとその開発にかかっている。俗にいうゼロ→１開発（ブレークスルー・イノベーション）ではなく、１＋α（インクレメンタル・イノベーション）である。
先住民族のいる市場の一角に、１＋αの製品開発で新規参入するのである。製品さえ差別化されていれば、勝手知ったる類似のビジネス展開が可能であるから十分成功する。要は、製品の差別化だけでなく、その製品を既存事業と類似の事業展開でいけるかどうかをしっかり押さえてテーマアップすることである。

2-2 容易には変わらない強烈なわが社のDNA

実感している人も多いと思うが、わが社には良くも悪くも強烈な本能としてのDNAがある。長年にわたり組織に培われてきた価値観とそれに基づく行動である。経営の教科書に描かれている戦略的経営に変えようと多くの変革のプロジェクトを進めても、表面的な形を整えるだけで、本質的に何も変わらない。強烈なDNAのためである。変えようすること自体が間違っていると思う。変えるのではなく、わが社のDNAを認識し、時代環境、事業環境に合わせていくことでさらなる成長と繁栄を実現できると考えている。

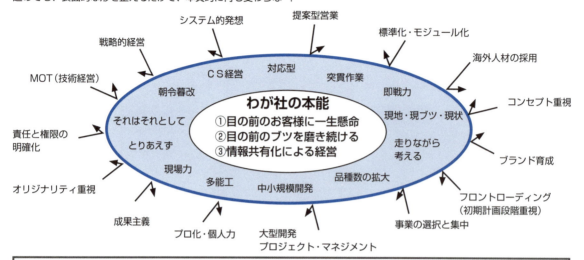

○わが社はこれまで戦略的というより、本能に従って成長、繁栄してきた

わが社を含めて日本企業の多くはトップダウンで戦略経営をしてきたわけではない。中期経営計画などで一見、戦略的にはまとめてあるが、多くはそれぞれの現場の現状を是認しつつ、改革の方向性、ベクトルを示しているに過ぎない。到達目標として明確な事業の形を規定しているわけではない。それぞれの現場が主体的に事業を維持発展するために知恵を絞り、行動するという前提で経営を組み立ててきた。いわば、現場の事業展開の本能に任せて、そして追い風という幸運にも恵まれて成長してきたのである。

○本能の第一は目の前の顧客、課題に一生懸命対応すること

多くの日本企業の現場に共通する本能は3つあるように思える。第一は目の前の顧客、課題に対して一生懸命対応する本能である。
それも、優先順位をつけて対応するのではなく発生した順番にまじめに対応している。お客様は神様という価値観が行き渡っており、誰も抵抗感なく嬉々として対応する。顧客も営業も社長も喜ぶというわけである。海外企業からみれば、信じられない光景かもしれない。

○本能の第二は目の前の製品・サービスをトコトン磨き上げ続けること

第二の本能は、ひたすら目の前のモノ、コトを磨き続けることである。"ひたすら"、"エンドレス"、"トコトン"などという副詞が日本企業の現場では当たり前になっている。多くの発展途上国がその発展途上段階で先進国の製品をリバースエンジニアリング、コピーして価格競争でシェアを拡大することは定石だが、日本は発展途上段階から単にコピーするだけではなく、さらにそれに機能性能で磨きをかけ続けてきたという経緯がある。一方、そんな磨き虫のような日本の現場だから磨くことだけに夢中で、オリジナリティについての価値観や認識は希薄であることも事実である。

○本能の第Ⅲは状況、情報を共有化して一丸となって進むこと

第三の本能は情報の共有化である。個人の権限と責任を明確にしない組織文化にあっては、できるだけ多くの人が情報を共有することで互いにカバーし合うことができ、高品質の製品やサービスを生み出すことができた。連絡会議の多いこと、メールの宛先以外のCCのやたら多いことに世界はビックリしている。

○本能を変えることは気の遠くなるような時間がかかる

欧米型経営を導入しようとわが社も多くのプロジェクトを実施し、いろいろ試みてきた。しかし、それらはみな、強烈なわが社のDNAの前に換骨奪胎、つまり骨抜きにされ言葉だけが残っている。成果主義、システム思考、バランススコアカード、ビジネスモデル経営、MOT、フロントローディング経営など、言葉だけ残っている。

○わが社の本能を新たな時代環境の中で復活させる

わが社では長年培われてきた現場の本能を大切にする。ただし、何でも勝手にやっていいということではない。わが社の根底には、たえざる進化・変化に向けてトライ＆エラーを継続するという本能がある。これこそ、わが社が世界の中で勝ち残るための根源である。わが社の本能を自覚し、その力で勝てる事業ゾーンと製品開発テーマを大胆に、かつ慎重に選定してほしい。

2-3 事業カルチャーの壁に注意

当たり前のことであるが、わが社の既存事業を深耕するための新製品開発については事業カルチャーの心配はいらない。一方、新規事業開発においては事業カルチャーを十分考慮しないと失敗する。開発技術者は単に製品の機能性能の実現可能性だけでなく、それをどのような事業モデルの上に乗せて、利益に結びつけていくのかも同時複眼的にみてほしい。そして、その大きなポイントが事業カルチャー的な洞察である。
同質事業と異質事業の間に、事業カルチャーの厚く、高い壁が存在するのである。この壁を越えるシナリオが不在の開発テーマは時間とカネの無駄遣いになってしまう。決して事業カルチャーの壁を甘くみてはいけない。

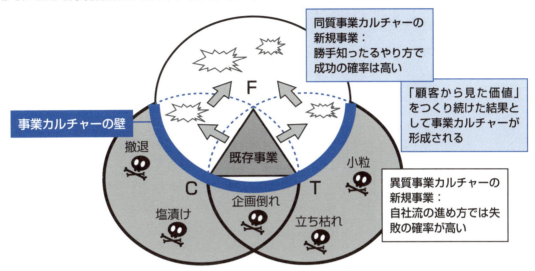

- ○**事業カルチャーは長年の絶えざる「顧客から見た価値」づくりの積み重ねの結果**
  事業は米国経営学者エイベルによれば、①顧客、②「顧客から見た価値」および③技術で定義される。わが社の事業カルチャーはその創業以来長年にわたる従業員の皆さんの「顧客から見た価値」づくりの積み重ねによって培われてきたものである。その時々の事業の責任者によって多少の違いはあったにせよ一貫して踏襲されてきた事業展開における価値観なのである。

- ○**同質事業カルチャーの新規事業開発は成功しやすい**
  市場（顧客）分野や技術分野が異なっていても、事業展開のやり方がわが社流でいけるのであれば成功の確率は高い。大胆に言えば、市場（顧客）情報や技術はある程度努力すれば取り込むことができるのである。しかし、わが社のDNAと異なる事業カルチャーを取り込むことは至難の業である。現在の従業員とその家族の将来を重視するわが社としては、成功の確率の高い同質事業カルチャーの新規事業を優先してヒト・モノ・カネを投入すべきだと考えている。従業員の皆さんも、自分たちが主役で主導権のとれる、そして勝手知ったるわが社流で収益を上げることができる新規事業のテーマを最優先して探索、テーマアップしてほしいのである。

- ○**成長・地続き・独自性の意味**
  新事業開発や新製品開発の三つの要件は①成長市場、②地続き性、③独自性と言われている。成長市場や変化市場を狙うことで成功する。また、製品自体の独自性、ビジネスモデルの独自性なども成功につながる条件である。ここで、注意するべきは地続き性の中身である。技術や市場が地続きでなく、飛び地でもなんとかなる。いや、むしろ視野を広く飛び地の技術、飛び地の市場を探すことが重要である。しかし、事業カルチャーについてだけは飛び地はダメである。ほどんど飛び越えることができないのである。

- ○**事業カルチャーの壁を甘く見てはいけない**
  実際、他社の事例をみても異質事業カルチャーの新規事業開発の多くは漂流または立ち枯れしている。自力で進めても立ち枯れてしまったり、経営にインパクトを与えない小粒の事業に固まってしまっている例も多い。安易な、そして派手なM&Aに走る経営者もいる。せっかく本業で長年にわたり蓄積した、そして従業員の汗と涙の結晶である利益の内部留保を使って異質な事業カルチャーの事業をM&Aしたものの失敗する悲惨な話もよく聞く。できるだけ同質事業カルチャーの範囲でわが社の成長と繁栄を継続したいというのが本音である。

- ○**異質な事業カルチャーの壁を突破するには、それなりの覚悟と戦略・手段が必要**
  これまでに培われたわが社の事業カルチャーの範囲でまだまだ成長はでき、それを主軸にして事業展開していく。世の中の経営本や雑誌では高付加価値化の手段として、システム事業やサービス事業への転換を大合唱している。わが社もそのような方向を探ることは必要と考えるが、簡単ではない。それは異質な事業カルチャーの展開であり、それなりの覚悟と戦略、手段が必要だからである。

3

あえて、事業カルチャーの飛び地を攻める場合は技術を武器にマイナー合弁方式を基本とする

わが社は単品製品を顧客のニーズに合わせて開発して、
その品質と安定供給を重視する事業カルチャーを築いてきた。
同質的な事業展開で今後も世界で存在感のある企業へと
成長できると考えている。
一方、周辺には高付加価値で魅力的な、
しかしわが社にとっては異質な事業カルチャーの
システム事業、ブランド事業、サービス事業などがある。
わが社の長期的な成長のためにリスクを冒して
そのような事業へ参入すべきだという声もある。

しかし、
わが社は、いま一緒に働いている従業員とその家族を第一に考えた
安定的な事業展開を行うという経営哲学を長年貫いてきた。
間違っても、いきなり事業カルチャーの異なる企業を
M&Aするような無謀なことはできない。
また、そのような異質事業カルチャーを立ち上げても、
今の従業員は勝手が違い、自分たちが培ってきた能力を発揮できない。
このジレンマをどう克服するのか？

わが社にとっての答えは、
マイナー合弁という橋頭堡づくりから始めることだと考えている。
マイナー合弁とは、
出資比率を低く抑え、
異質な事業カルチャーを持った合弁パートナーに
あえて主導権をとらせて事業を立ち上げる低リスクな方法である。
その間に、わが社の人材を育成することもできる。

3-1 「飛び地型」では自力での事業化を放棄する

製品新化 × 事業カルチャーのマトリックス上に開発テーマをポジショニングし、その開発の進め方を3つの中から選択しなければならない。
　①開発部隊が主導権をとって、事業部を巻き込む
　②事業部の主導権のもとに、開発部隊が提案協力
　③本社主導のもとに、開発部隊が提案協力

異質な事業カルチャーを必要とする「飛び地型」は③であり、本社主導で外部の企業とマイナー出資の合弁会社をつくることが近道である。合弁会社をつくる良いパートナーと組むために開発部門の技術が武器になる。

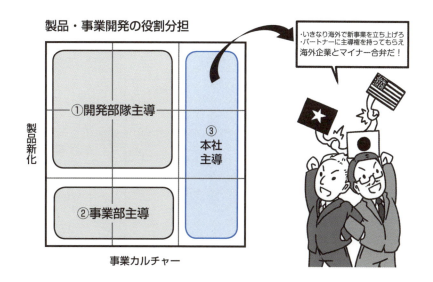

製品・事業開発の役割分担

・いきなり海外で新事業を立ち上げろ
・パートナーに主導権を持ってもらえ
海外企業とマイナー合弁だ！

○開発部門と事業部門は同質事業カルチャーの新規事業開発に責任をもつ

開発部門は既存事業の深耕および同質事業カルチャーの新規事業展開のために、機能性能の差で勝負できる製品の開発を基本とし、それについて責任をもつ。異質の事業カルチャーでの事業展開を前提とした製品開発は例外扱いとする。
事業部門は現在の事業部のメンバーが主体的に事業展開が可能な同質事業カルチャーの新規事業を基本として、それについて責任を持つ。既存事業の維持発展は当たり前のこととして、同質事業カルチャーの新規事業開発に責任を持つのである。事業部門がそのような意識をもつことで今いる従業員が主体的に活躍できる職域を広げることができる。

○本社部門は異質な事業カルチャーの新規事業開発に責任をもつ

本社が責任を持つのは異質事業カルチャーの新規事業開発である。その使命は、企業の長期的な存続のために必要な異質な事業カルチャーの新規事業開発である。異質な事業カルチャーであるから、いまいるわが社の人材ではなく、外部の人材、企業を組み合わせて事業をプロデュースすることになる。その意味で、本社の新規事業に携わる人材はプロデューサー的行動をとることになる。社内の人材や組織を頼ってはならない。

○マイナー合弁方式でリスクを低くする

わが社の製品・技術をエサに、わが社にとっては異質なその分野に精通したパートナー企業と組み、当面はパートナー主導で進める。
パートナーに力を最大限発揮してもらうために、あえて、10％〜30％程度のマイナー出資に抑えた合弁会社（マイナー合弁）をつくることをを基本とする。
未知の分野に自力で切り込むリスクを考えれば納得がいく。
トータルが同じ投資金額であれば、マイナー合弁方式で複数の新規事業開発の合弁会社を立ち上げることができるのも魅力である。

○時間をかけて学習し、人材を育てる

企業の存続のために異質な事業カルチャーの新規事業開発を急ぐ必要はない。いつの時代でも多くの成長・変化分野は生まれては消えていく。
いまは、AI、IoT、電気自動車、医療介護、新農業などである。そのような、成長分野にまずは既存事業がマーケットを広げ、さらに同質事業展開でいける新規事業を事業部門が主体的に開発する。異質な事業カルチャーの新規事業開発はその次である。異質な事業カルチャーに挑戦する元気な社員を本社主導で集め、マイナー合弁で立ち上げるトライ＆エラーを経験させて、学習し人材を育てることをしてほしいのである。
一人の人材がいれば、一つの新規事業を立ち上げることができると思っている。事業も、企業も人材がすべてであることはいつの時代も変わらない。

3-2 本社部門は技術を武器にマイナー合弁方式で「飛び地」に橋頭堡をつくる

わが社は同質事業カルチャーを基本に事業の維持拡大を継続していく。モノづくりを本丸とした事業展開である。

しかし、一方ではサービス分野、システム分野というわが社とは異質の事業カルチャーのビジネス領域が世界的に大きく伸びていることも事実である。わが社としては、同質事業カルチャーの事業展開を基本とするが、これらの新たなビジネスチャンスも取り込みたい。

そこで、マイナー合弁方式による異質事業カルチャーの獲得である。

わが社の製品・技術を"エサ"にその分野に精通した企業と組んで低リスクでサービス事業、システム事業への進出を可能にする。

事業カルチャー視点での「飛び地」の新規事業は本社主導でマイナー合弁方式を基本とするが、その第一歩である優良パートナー企業と組みためには開発部門の技術の"売り"がなくてはならない。

マイナー合弁（mJV）のポートフォリオ管理

mJV：minor joint venture

- 多産多死
  - パートナーとのCC（コンセプト・サークル）
  - 6カ月、50時間のインキュベーション
  - 潜在パートナーとの多くの"場"（提案・意見交換の場）
  - 自社の"売り"の整理
  - mJV 相手候補の探索
  - リセットして再スタート
- 一発必中
  - mJV 設立準備共同PJ（プロジェクト）
  - 不発塩漬け
  - mJV 設立

3～5年後に次の戦略的展開の練り直し

○マイナー合弁のポートフォリオ管理

新規事業開発は最初から絞り込むのではなく、いくつかのマイナー合弁案件を同時並行的に進める。相手があることであり、また新規事業そのものは不確定要素が多くあるのでポートフォリオ管理をするわけである。基本構想段階から始まり、パートナー探索、共同企画づくり、合弁事業会社設立プロジェクト、そして合弁事業会社の運営へとサイクルを廻していく。

「飛び地」の新規事業は本社が主体的に進めるが、開発技術者は技術面で本社部門の支援をする。

○マイナー合弁による新規事業開発の進め方

Ⅰ：構想ステージ
　　◇主導権を取らせてもよさそうなパートナー企業の選定（業界No.1から検討）
　　◇そのパートナー候補を前提に素案としての新規事業構想を立てる
　　◇開発部門は技術の"売り"を「見える化」しておく

Ⅱ：パートナー探索ステージ
　　◇自社の技術の"売り"を組み込んだ事業企画(たたき台のたたき台程度の完成度)をパートナー候補企業に提案
　　◇複数の企業に対して同様な企画を提示する
　　◇開発部門は企画提案づくりに参加する

Ⅲ：合弁づくりの共同企画ステージ
　　◇興味を示したパートナー候補企業と共同で事業コンセプトの詰めを進める
　　◇双方が納得する魅力ある事業企画ができるまで継続。最大6カ月程度を限度とする
　　◇開発部門は技術面では可能性を検討する

Ⅳ：合弁事業設立プロジェクトステージ
　　◇双方の企業から合弁事業設立のためのメンバーを出し、設立プロジェクトを発足させる
　　◇合弁事業会社の設立準備をする

Ⅴ：マイナー合弁事業の運営と人材育成
　　◇パートナー企業に主導権を持たせた運営をする
　　◇自社側からエース人材を最低1名出向させ、異質カルチャー事業の立ち上げと事業ノウハウの吸収する
　　◇エース人材はは3～5年後にネクストステージ戦略を立案実施する責任があることを常に頭に置いて行動する

B 結論とまとめ

1 第Ⅳゾーンで生き残るためには開発の効率と成功確率を高めなければならない。特に事業カルチャーは大きく影響する。

2 開発テーマを整理、選定する方法として製品新化×事業カルチャー　マトリックスが有効である。

製品新化軸は新しさの程度で3つに分類する
　　　A: リノベーション（更新）
　　　B: インクレメンタル・イノベーション（漸進）
　　　C: ブレークスルー・イノベーション（革新）

事業カルチャーも3つに分類する
　　　Ⅰ: 自社既存の事業カルチャー（事業深耕）
　　　Ⅱ: 同質事業カルチャー（事業新化）
　　　Ⅲ: 異質事業カルチャー（事業革命）

3 わが社は、「滲み出し型」のテーマを最優先する。インクレメンタル・イノベーション×同質事業カルチャーのゾーンであり、マトリックスのBⅠ、BⅡ、AⅡである。

4 わが社の事業カルチャーは長年にわたり顧客に選ばれたい一心で涙と汗の結晶として蓄積、培われたものであり容易に変えることはできない。それゆえ、わが社は同質事業カルチャーでの事業展開、進化にこだわる。

5 一方、周辺に新たな、しかし異質な事業カルチャーを必要とする成長分野が生まれている。大きなリスクを冒すことなく異質の事業カルチャーを取り込めれば良いと考えている。一つの方法はマイナー合弁方式で、パートナー企業に主導権を持たせるやり方である。

開発ゴールの設定について

わが社の開発技術者は事実上の業界標準（GDT）を開発ゴールとする

開発力の源泉は多くの壁にぶつかりながら、ギブアップすることなく、粘り強く仮説検証の行動を継続する力である。そのためには、全ての開発テーマについて共通の、「ここに行きつくことができれば絶対に儲かる」という事業性視点で確かな、そして納得できるゴールを共有しなければならない。そのようなブレることのない共通のゴールを開発メンバーで共有すれば粘り強い開発行動を継続することができる。
GDT はその答えのひとつである。

GDT とは Global De-facto Top：世界での事実上の業界標準品 (デファクト・スタンダード) となりトップシェアを取ることである。具体的には、わが社が開発した製品を世界中の多くの潜在顧客の設計者が設計図にスペックインするようになること。わが社が開発した製品がその結果としてデファクト、つまり事実上の業界標準品として扱われることである。わが社の規模に見合ったニッチ (隙間) 分野の製品でもよい。やや大きな市場を狙ってもよいし、ニッチのつもりが大きく化ければそれも結構なことだ。要は、グローバルで事実上の業界標準製品となる製品を開発することをゴールとするのである。
そのような GDT 製品を継続的に上市することこそわが社の開発技術者の最大のミッション (役割) である。

1 事業性視点で腹落ちした開発ゴールを設定する
 1-1 "胆識" がトライ＆エラー行動を加速する
 1-2 事業性は顧客価値に連動する
 1-3 わが社の事業戦略の基本は匠型である

2 わが社の開発技術者のゴールは GDT 製品の開発である
 2-1 GDT 製品を開発すれば事業性は必ず保証される
 2-2 開発ゴールの単純化で開発行動のスピードアップと差別化が可能になる

結論とまとめ

1
事業性視点で腹落ちした開発ゴールを設定する

開発を成功させるには多くの壁にぶつかってもギブアップせずに
トライ＆エラーを継続する力が必須である。
その継続する力はどこから生まれるのか。

それは、「ここまで開発できれば絶対に儲かる」という
確信に近い事業性視点で**腹落ちした開発ゴール**の共有である。

ここでいう開発ゴールとは、
個々の開発テーマの具体的な製品スペック、
突破すべき技術や市場シェアなどを明確にすることではない。
それらは後で決まってくるものである。
そうではなく、**これから開発する製品が、
ビジネスとして間違いなく売れて儲かるはずだと
腹落ちできる状態・条件**である。
例えば、
開発した製品がアップルのような世界のリーダー企業に
採用・納品できているとか、
キーエンスのように多くの事例を使い回して、
顧客に対して他社以上の量とスピードで
顧客の問題解決、ソリューションを提供している状態・条件などである。

製品開発とは、
事業性視点で腹落ちする状態・条件を満足するように、
技術シーズと市場ニーズをドッキングさせて、
トライ＆エラーを続けるプロセスなのである。

粘り強いトライ＆エラーの秘訣は、
腹落ちするゴールとして「儲かっている状態・条件の設定が先、
技術シーズと市場ニーズのドッキングは後」である。

1-1 "胆識"がトライ＆エラーを行動加速する

試行錯誤、トライ＆エラーといった先が見えない行動を延々と継続しなけらばならないのが開発技術者の宿命である。その点、定型的な業務をルーチン的に消化する仕事とは心理的負担の度合いがちがう。挫折、迷い、落胆は避けられない。そのような開発技術者には心の支えが必要である。心の支えは絶対に間違いないと自分自身で腹落ちして、信じられる基軸のようなものである。色々トライ＆エラーを進めるうちに、現在位置と方向が混乱して疲弊してしまう。そんな時に一度原点に立ち戻り体勢を立て直せる基軸が必要である。

真に納得、腹落ちした内容が"胆識"である。その"胆識"としての基軸のみが粘り強い仮説検証行動、あるいはトライ＆エラー行動の継続を保証する

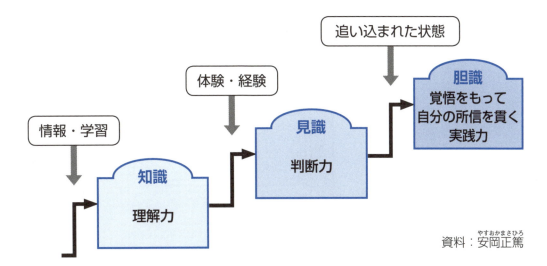

資料：安岡正篤（やすおかまさひろ）

○**知識**
　知識とは理解と記憶力の問題で、本を読んだり、話を聞いたりすれば知ることのできる大脳皮質の作用によるものである。学習と情報収集することで知識は脳に記憶される。昨今では、膨大な情報がインターネット上にあるから、知識を得ることがひと昔前の人々とくらべれば容易に、効率的に行えるようになった。今では「グーグルさんに聞いてみよう」ということで容易に情報を獲得できるようになった。一億総知識人になったのである。しかし、知識だけでは役に立たない。

○**見識**
　知識は、その人の人格や体験あるいは直観を通じて見識となる。見識は現実の複雑な事態に直面した場合、いかに判断するかという判断力のもととなる。見識があると尊敬される人々は、多くの知識と多くの体験を通じて物事を適切に判断できる人のことである。知識に経験、体験が加わることで見識へと昇華するのである。しかし、見識レベルでは優れた評論家、論客になれても具体的に何かを創り出すためには不十分である。

○**"胆識"**
　見識を持った人が外圧で崖っぷちに立たされるとか、自ら不退転の意思を持って進むとなど、追い込まれた状態に置かれると、見識が"胆識"に昇華する。"胆識"とは体を張った実践的判断力とでも言うべきものである。困難な現実の事態にぶつかった場合、あらゆる抵抗を排除して、断固として自分の所信を実践に移していく力のもととなる。人間が能動的かつ粘り強い行動を起こすかどうかはこの"胆識"の有無にかかっている。

○**わが社の技術者は開発ゴールについて"胆識"を持たなければならない**
　製品開発の粘り強さは開発ゴールについての"胆識"から生まれる。開発目標に関して"胆識"を持った開発技術者はたくましい。反対に、"胆識"のない開発技術者はひ弱である。"胆識"は言ってみればポパイのほうれん草のようなイメージである。わが社は世界を相手に「進化・変化の行動の差別化」で成長と繁栄を目指すわけだが、その行動を他社以上に活性化するポパイのほうれん草、すなわち開発ゴールについての"胆識"が必須である。

○**事業性視点での開発ゴールを"胆識"共有化**
　わが社の開発技術者が、"胆識"として共有してもらいたい開発ゴールとは、これから開発する製品が、ビジネスとして間違いなく売れて儲かっているはずだという事業性視点で腹落ちできる着地点の状態・条件である。製品開発でここまで到達すれば絶対に売れて儲かるという腹落ちした着地点の状態・条件を簡潔に表現しなければならない。そうすることで、"胆識"の共有化が可能になり、他社以上に活性化された開発行動を獲得できる。
　事業性視点で開発ゴールを論じるためには、わが社の事業戦略を十分理解しなければならない。そうすることで腹落ちする開発ゴールを設定することができる。

1-2 事業性は顧客価値に連動する

米国の経営学者エイベルによれば、事業は①顧客（C:Customer）、②顧客価値（F:Function）、③技術ノウハウ（T:Technology）で定義される。顧客価値つまり、製品が顧客に選ばれて売れる理由を基本にした事業戦略は大きく6つに分類される。
今日の過酷な競争時代にあっては、顧客ニーズと技術シーズのドッキングは当たり前であり、ビジネスの成否はF:「なぜ、顧客は他社でなく当社から買うのか」の一点に絞られる。
顧客価値をベースにした事業戦略を前提にして、事業性について洞察し、腹落ちする開発ゴールを見出さなければならない。

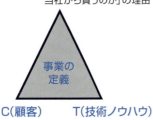

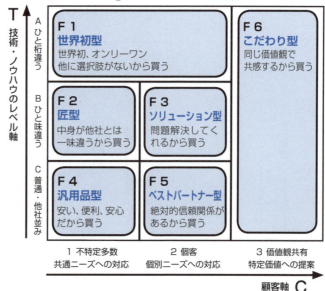

○戦略ビジネス・プラットフォーム：6つの基本戦略

F（顧客から見た価値）について、技術・ノウハウ（T）を縦軸に、顧客（C）を横軸にとって事業を整理すると、6つの勝ちパターンに分類することができる。技術ノウハウの軸は提供する製品が「他社並」、「一味違う」、「一桁違う」、の3段階に分ける。また顧客軸は「不特定多数」相手か、個別の顧客つまり「個客」か、それとも「価値観共有」の顧客かで、やはり3つに分ける。最初の2つの「不特定多数（手離れよく売る）」と「個客（個別のお客に密着型で売る）」はニーズ対応志向のビジネスである。前者は不特定多数相手の最大公約数のニーズ、後者は個別の顧客が持つ個別のニーズに対応する。これとは対照的に、最後の「価値観共有」はニーズ対応ではなく、企業側の発信する個性、こだわりに顧客が反応して買ってもらうビジネスである。ニーズに対応せず企業側がこだわりや特定の価値で自らを縛る、あるいは規定するという意味でイナクトメント型といわれる。
世界中の企業で順調に儲かっている企業はこの戦略ビジネス・プラットフォーム上の6種類の勝ちパターンのいずれかにしっかりと軸足を置いているのである。

○「世界初型」

一桁違う技術・ノウハウを持って、不特定多数または個客に対して、今までにない製品・サービスを提供しつづける事業である。日本企業では大塚製薬や浜松ホトニクスのようなごく限られた企業しか見当たらない。「世界初、市場初」の商品・サービスを常に狙い、「一桁違う技術」を使ってこれまでにない製品を開発し、じっくり時間をかけて市場を創造していく。5年10年の長期的スパンで時間をかけて開発した自社製品やサービスは、やがてそれが普通名詞化することも多くある。

○「匠型」

特定の製品・サービス分野において、不特定多数の顧客に対し、他社とは一味違う製品・サービスで勝負する事業である。ある特定市場において、更にそのグローバルな市場においても業界標準を取ってトップの座につくパターンであり、このゾーンには日本企業が多い。代表的企業としては、精密小型モーターや電子デバイスの分野でグローバルにトップシェアをとっている日本電産、機能性素材の東レ、半導体の切断機器のディスコ社などいくらでも挙げることができる。海外企業では米国3M社などが優等生である。これらの企業はグローバルのデファクトスタンダード製品(事実上の標準規格製品)を擁する企業であり、グローバル市場でトップシェアを獲得している。

○「ソリューション型」

個別の顧客（個客）に一味違う問題解決を製品、サービスあるいはシステムのかたちで提供するのがその基本で、顧客以上に顧客を熟知していることが求められる事業である。このパターンの好例としてはIBM社のビジネス・ソリューション事業が挙げられる。パソコン事業を売却し、儲けの源泉をビジネス・ソリューション一本に絞っている。ソリューション事業には3つの定石がある。①業界別に特化し、しっかり顧客業界に入り込み、「顧客業界を顧客以上に熟知」すること、②「イージーオーダー」型に徹し、効率よく共通モジュールを組み合わせること、③同じソリューションのリピートオーダーを重ねることである。

このゾーンには欧米企業が多いが、日本企業の好例としてはキーエンスが挙げられる。キーエンスはセンサーとその応用技術を核に、顧客の目的にあったセンサーシステムを問題解決（ソリューション）して提供している。顧客は、自社の抱える悩みを解決してくれるという付加価値により、他社ではなくキーエンスから製品やシステムを買うわけである。

○「汎用品型」

不特定多数の顧客を対照に、中身が差別化されていない他社並み製品・サービスを提供する事業である。参入企業も多く、厳しい価格競争に迫られることもある。「安さ」、「利便」、「安心」のいずれかに突出した顧客価値を提供する企業のみが生き残れる厳しい領域でもある。

デルコンピュータやユニクロは「安さ」で勝負してきた。

文具メーカーのプラスは通販と宅配を組み合わせたアスクル事業をたちあげた。明日来ますという意味のアスクルは、当初30人以下の中小企業にターゲットを絞り、基盤を固めた後大企業に食い込み、コクヨの牙城を崩した。アスクルの顧客価値は徹底した「利便性」（明日来る）を実現したビジネスモデルであった。

IBM社は既にパソコン事業を中国企業のレノボ社に売却したが、IBM社の当時のパソコンは「安心」を突出させていた。壊れない、フリーズしないなど、安定した操作を求めるビジネスユーザーに底堅い人気を有していた。今後中国のレノボ社のもとで従来のような「安心」にこだわるのか、あるいは以前のデルのように「安さ」を武器にするのかは今後注目すべきポイントである。

この「汎用品型」では「安い」か、「便利」か、「安心」かのどれかに突出していなければ決して生き残ることはない。中途半端な他社並の安さ・利便性・安心であればたちどころに吸収合併の波に飲み込まれるだけである。中身が差別化されていない製品・サービスから利益を汲み上げる仕組みをつくり上げた企業だけしか生き残らないのである。あとはそれらの企業に吸収されるか、そうでなければ消えるという運命しか残されていない非常に厳しいゾーンである。

○「ベストパートナー型」

製品・サービスの技術レベルは他社並みであるが、ある特定の個客に密着して優先順位NO.1の対応、あるいは運命共同体として短期的な利害を超えた関係で対応するビジネスの形態である。日本経済が拡大期にあった頃は非常に多くの企業がこの勝ちパターンで成長した。しかし、今日では、その密着先の企業が厳しいグローバル競争にさらされているため、従来のようなただ系列企業ですよ、とかグループ企業ですよ、ということだけではとても生き残れなくなっている。そのため、このパターンで成長してきた企業は差別化された商品の開発や、ソリューション力をつけるなど、他の勝ちパターンの要素を組み込むことに懸命になっている。

○「こだわり型」

企業の価値観やこだわりを前面に出した製品・サービスを、それに共鳴する顧客に限って提供するビジネスである。ハイタッチな感覚、ハイセンスといった感性に訴えるものが決め手となるビジネスでもある。高級乗用車、高級ブランド品など、欧州企業の独壇場と言っても間違いではない。日本企業はこのパターンはあまり得意ではなかったが、昨今、ベンチャーをおこす企業の傾向もハイタッチ系、デザイン性の企業が増えていることをみれば、日本にも確実に変化が起こっている。

「こだわり型」以外のの5つのパターンは顧客側の合理的な判断をよりどころとする「左脳型」ビジネスであるのに対して、この「こだわり型」のみ、感性や感情、好き嫌いに訴える「右脳型」ビジネスである。「左脳型」ビジネスでは顧客であるAさんとBさんが協議してどこから買うかを客観的な事実に基づいて、ロジカルに決定する。これに対し「右脳型」ビジネスではAさんとBさんが感性、つまり好き嫌いで判断するため意見が一致しないことが多くなる。Aさんはヴィトンがいいと言い、Bさんはグッチがいいと言うわけで、客観的に決まることはない。

○優良企業は勝ちパターンの選択と集中をしている

事業の選択と集中というと、一般的には強い黒字の事業を残して、弱い赤字の事業を切り捨てることであるが、優良企業を見ると、事業の選択と集中ではなく勝ちパターンの選択と集中をしている。

3M社は「匠型」に集中して、そこで5万種類以上のニッチトップ製品を生産している。IBMは「ソリューション型」に徹して、多様なシステム・ソリューション事業を世界に展開している。決して自社の勝ちパターンから外れることはしない。仮に製品のライフサイクルが進むことで製品やサービスが自社の勝ちパターンから外れた場合はその事業を切り離して勝ちパターンの拡散を防いでいるのである。

これとは反対に、多くの日本企業では一つの事業部のビジネスを顧客から見た価値でポジショニングすると、複数の勝ちパターンにまたがっていることが多い。「匠型」、「ソリューション型」、あるいは他社並みの「汎用品型」を混然一体として展開している。勝ちパターンが拡散しているわけである。

拡散する理由は2つある。ひとつは売り上げを伸ばすためにあらゆる方法をとるからである。手離れ良く売ることが定石である「匠型」製品を扱っていても、更に顧客を増やすために「ソリューション型」で顧客に密着してきめ細かく提案したりしているのである。

もう一つの理由は事業の切り捨てをしないことである。事業には大切な従業員が付いているので、事業の切り離し＝リストラという選択をしないためである。

41

1-3 わが社の事業戦略の基本は匠型である

わが社の事業は多様な製品を多様な業界の企業に納めるB2B事業（Business to Business）である。創業以来、技術を武器に顧客からの要望にひたすら対応し、中身が一味違う製品を開発し続けてきた。

しかし、市場の拡大とともに製品の汎用化が進み、また新興国製品との中身の差も縮まってきている。売り上げの伸びに比べて、利益の伸びが鈍化している。また、売上高重視に傾斜した結果ビジネスプラットフォームも拡散する傾向にある。

この辺で、わが社は創業の原点に戻り、そして長年にわたり培ってきたDNAを発揮して、わが社は「中身の差別化」で顧客に選ばれる高収益事業を目指したい。すなわち、わが社のビジネスプラットフォームを匠型に徐々に寄せていくのである。そして、その主役は開発技術者である。

F2 匠型

中身が他社とは一味違うから買う

・差別化された製品・サービス
・機能・性能の中身で勝負
・業界標準をとる
・ニッチトップ型

村田製作所は高機能セラミックコンデンサーの分野では世界トップ

インテルはパソコンのCPUで業界標準となっている。インテル・インサイドと言われ、その事業展開はデバイス事業のお手本とされている

米国スリーエム社は、多様な市場分野で5万種類以上の製品を製造している。そのすべての製品がグローバルでニッチトップか、それを目指している。新製品開発では世界のお手本とされている

日本電産は精密小型モータの分野でトップシェア。その経営手法が適用できる精密部品分野ではM&Aにより積極的に展開していることで知られている。匠プラットフォームで事業増殖をしている

匠型のビジネスで世界に存在感を示している日本企業は多い。黒子的なB2B事業が多いが、たえざる製品開発、技術開発によって世界でのトップレベルを維持している

○顧客に選ばれる理由が拡散してしまったわが社の製品

わが社の売り上げは順調に伸びてきた。売上高を増やすことが利益拡大につながるということで売上第一主義で社員が頑張った結果である。一方、顧客に買っていただくためには何でも対応するという姿勢から、顧客にとっての価値とか客に選ばれる理由が総花的になってしまっているのも事実である。わが社のビジネスプラットフォームがぼやけてしまったということである。製品自体の差別化で儲けるビジネスを基本にしたい。拡散した売り方、儲け方を匠型へ徐々に寄せていきたいと考えている。

○ソリューションには核となる差別化された製品が必須

昨今、ソリューション型のビジネスが高付加価値につながるということで日本企業の多くがその方向を指向している。わが社においても顧客の問題解決を提案するソリューション高付加価値を進めることが重要と考えている。単に製品やサービスを組み合わせたソリューション提案ではなく、その中核にわが社の差別化された製品が位置付けられているようなソリューション提案が望ましい。わが社のソリューションは開発技術者が開発した差別化された製品を核にその周辺を組合せ、取り込んだ提案でなければビジネスとして成り立たない。

○差別化が失われた製品から利益をくみ上げる仕組みづくりは営業の使命

わが社の高収益体質づくりは開発技術者だけに頼っているわけではない。わが社の製品は差別化されたものもあるが、多くは差別化されていない他社並み品であることも率直に認めなければならない。当初は開発技術者の努力で差別化されていても、製品ライフサイクルとともに汎用化してくる。いかにして「差別性が失われた製品群から利益をくみ上げるか」はわが社の営業部門に課せられた命題であり、知恵を絞らなければならない。ビジネスモデルやダイナミック・プライシングなどの戦略を駆使して、営業マンが疲弊しない効率的な売り上げと利益の拡大を実現しなければならない。

○匠型を基本としたわが社の1粒で4度美味しい高収益体質づくり

わが社の高収益体質づくりは開発技術者の差別化された製品を出発点として始まる。製品ライフサイクルに沿って、4つのステップを踏む。第一ステップは開発技術者による「中身が一味違う」差別化された製品開発である。これが全ての源となる。第二ステップではそれらについて製造プロセスで絶えざるコストダウン・効率化を進める。第三ステップでは、顧客ニーズや価格設定にたいしてきめ細かく行い、売上利益の取りこぼしを最小化する。そして最後の第四ステップでは、激烈な価格競争に陥る前に新興工業国メーカーとの合弁会社などをつくり、規模のリスクの回避を最優先しながら他力本願で長期にわたって利益を刈り取る。開発部隊が開発した一味違う製品を「1粒で4度美味しいビジネス」にするのである。

2
わが社の開発技術者のゴールは GDT 製品の開発である

わが社の開発技術者諸君は多様な技術で多様な顧客、市場向けに
多くの製品開発を進めている。
顧客からの依頼によるカスタマイズであったり、
競合他社の製品を追いかける開発であったり、
新市場開拓のためであったり、
その出発点としてのきっかけは色々ある。
それはそれでよい、
ただ**匠型の事業ゾーン**においては、
最終的な着地点はわが社の製品がその中身の差が顧客に認められ、
GDT つまり**グローバル市場で事実上の業界標準品**として
トップシェアに仕立て上げることであることを肝に銘じて欲しい。

GDT 製品を開発すれば売上と利益は後からついてくる。
反対に、GDT 製品をある一定の頻度で開発できなければ
製品ライフサイクルの進行とともに価格競争に突入し経営は厳しくなる。

開発技術者は常に
「この開発シナリオで GDT をとれるのか？」を
チェックしながら、仮説検証とトライ＆エラーを繰り返して欲しい。
そして、GDT に至るシナリオが崩れ、
新たなシナリオを見出せなくなったときは、
勇気をもって開発を中止、凍結して、次の GDT テーマを攻めて欲しい。

わが社の開発技術者のミッション（使命）は
唯一**「GDT 製品を開発すること」**である。

2-1 GDT 製品を開発すれば事業性は必ず保証される

GDTという状態・条件を達成できれば事業性（つくれて、売れて、儲かる）は保証される。GDTは決してブレることのない開発ゴールであり、開発技術者が粘り強い開発を継続することを可能にする"胆識"である。
事業性を数学的に表現すればV（Value: 顧客が認める価値）＞P（Price: 価格）＞C（Cost: コスト）である。これを満足する十分条件がGDTなのである。GDT製品を開発することは決して易しいことではないが、そこへ到達すれば事業性は保証されるのである。

ここがポイント！

事業性とは：V＞P＞Cであること

ビジネスが成立するためには、
つくれて、売れて、儲からなければならない

1. つくれるか（V＞C）：
   あるコストでそれ以上の価値を実現できる
2. 売れるか（V＞P）：
   価格以上の顧客価値を実現できる
3. 儲かるか（P＞C）：
   コスト以上の価格設定ができる

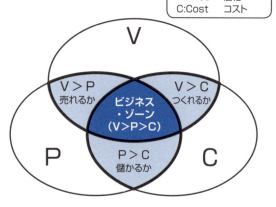

開発テーマが事業性のあるビジネス・ゾーンに位置しているかチェックしてみる

○匠型のゴールはGDT

GDT（Global De-facto Top）：グローバル・デファクト・トップ 世界の市場で事実上の業界標準となる機能製品でトップシェアのこと。デファクト標準という言葉は一般にβやＶＨＳ、今日のブルーレイなどのように量産品における方式の事実上の標準規格という意味で使われることが多い。
ここでは、むしろわが社が開発した製品が多くの顧客企業の開発部門で設計図にスペックインされ、わが社の製品のカタログがあたかも業界における事実上の標準のような役割をすることをいう。開発する製品が業界の事実上の標準となることが最も重要なポイントである。市場の大小は問わない。

○GDTは匠型で事業性を保証する十分条件

必要条件、十分条件については高校時代の数学で一応学習したものの、役に立つこともなく言葉だけ覚えている人も多い。試験勉強のために、矢印の先が必要条件、矢印の元が十分条件と機械的に暗記したものである。
十分条件とは、簡単に言ってしまえば、「他にも答えはあるかもしれないが、少なくともこれであれば間違いなく儲かる」条件である。
GDTは売れて儲かるという事業性のための十分条件である。間違いないから、製品開発のブレない目標ゴールとして粘り強く試行錯誤を続けるのに必須な"胆識"として大いに役に立つ。
他社ではなく当社の製品を顧客が買ってくれるためにはわが社の製品が業界標準をとれば有利である。GDTという業界標準をとることで当社製品の認知度が有利に働き、顧客企業の設計者がわが社の製品をスペックインしてくれるから間違いなく売れることになる。

○プライスとコストで優位に立てる

価格面では、業界標準でトップシェアを取ることでプライスリーダーとなる。わが社の利益を最大化する価格設定をわが社がリードして設定することができる。プライスリーダーとなることで無用な低価格競争や競合他社との駆け引きにエネルギーを使わずにすむ。
また、トップシェアを実現することでコストダウンも他社に比べて有利に展開できる。

○開発技術者はGDT教の信者になる

ゴールとしてのGDTを肝に銘じてほしい。誤解を恐れずに言い切れば、GDT製品を生み出さない開発技術者はわが社にとって穀つぶしである。
GDT一本にゴールを絞り、信じて迷うことなくトライ＆エラー、仮説検証を超スピードでやって欲しい。その行動力の差が他社との強さの差だからである。わが社の開発技術者は開発行動の速度、加速度で世界一を目指してほしい。
宗教ではないが、わが社の開発技術者はGDT教の信者であってほしいのである。

2-2　開発ゴールの単純化で開発行動のスピードアップと差別化が可能になる

わが社の開発技術者の動きがフリーズ（固まってしまうこと）しかかっている。コンプライアンス重視、働き方改革重視などの社内ルールが煩雑で行動の自由度に制約がかかっていることもある。MOT（技術経営論）、技術マーケティング論など欧米型経営を沢山インプットされて、頭の整理が追い付いていないこともある。どうすれば良いのか、答えは「昆虫」である。トライ＆エラーの行動がわが社の生命線であり、そこで他社と差別化するためには「中枢型」から「昆虫型」に徹して欲しい。昆虫型行動はゴールの単純化で実現できる。

試行錯誤を繰り返して新規事業を事業化するためには
昆虫型行動が有効

知能型金縛り集団
分析先行の客観性を重視、
会議のための会議優先で前に進まない

昆虫型行動集団
単純なゴール、ルートを"胆識"共有した、
行動優先のクイックなトライ＆エラー

○知能型金縛り集団になり始めている
　わが社は順調に成長して知名度も上がり、中堅企業として認知されるようになり今日を迎えている。技術者も当初よりも偏差値の高い大学から採用できるようになった。粒ぞろいである。一方、やや頭でっかちの集団になっていることも確かである。技術の高度化に伴い、学習しなければならないことも増えているし、技術経営（MOT）の一環として、事業戦略や事業モデル、マーケティングの勉強もしている。頭の中にインプットしなければならないことが非常に多く、それらを整理して行動に落とし込めていない状況に陥っていると感じている。
　行動力が勝負であるわが社の開発技術者が、知能型金縛り集団になってしまっては勝てないのである。

○調査分析の限界を知る
　欧米発の教科書ではフロントローディングと称して、事前の分析を重視する。その影響を受けてわが社の開発技術者も事前の分析ばかりに力を注ぎ、なかなか行動に移すことをしない。管理職も「本当にできるのか、儲かるのか、もっとしっかり調査分析しろ」とばかり言う傾向がある。
　これではわが社の勝ちパターンの真逆を行ってしまう。精緻に調査、計画を立てて進めるのは大型の開発プロジェクトには有効だが、わが社がめざすインクレメンタル・イノベーションの積み重ねによるGDT製品開発には百害あって一利なしである。

○方向づけされた局地戦で勝つイメージ
　わが社はGDT製品づくりというゴールを目標とし、その方向づけられた局地戦で勝つというイメージを持ってもらいたい。わが社を含め日本企業は局地戦で、小集団の現場力で進めることのできる開発が得意である。そこにわが社がGDT製品で世界に存在感を高めるチャンスがある。GDT製品づくりは局地戦であり、その本質は出会いがしらの瞬間瞬間の迅速な動き、行動に他ならない。

○わが社の開発技術者は昆虫型が良い
　一昔前、今のAIがまだ脚光を浴びる前の話である。米国のMIT（マサチューセッツ工科大学）で月面探査ロボットの研究が進められていた。一つは中枢型ロボットと呼ばれるもので、高性能のコンピュータを搭載したもの。多くのセンサーで周辺情報を集め、それを総合的に分析して動く方向とスピードを決める。もう一つは昆虫型ロボットで極めて単純なプログラムを内蔵するものだ。何かにぶつかったら右に行く、またぶつかったら左に行く、といった具合に分析ではなく行動を優先させるロボットだ。この二種類のロボットを月面に似せた場所でテストした結果が面白い。穴にはまった知能型ロボットは分析するデータや条件が多すぎてフリーズ（固まって）してしまった。一方、昆虫型ロボットは、単純なトライ＆エラー行動を繰り返して見事穴から脱することができた。わが社の開発技術者はあまり考え過ぎるのではなく、昆虫を見習って、行動優先であってほしい。

C 結論とまとめ

1 わが社のブレることのない開発ゴールは GDT である。

2 開発技術者が目指すべき、そして腹落ちする具体的なゴールを設定することでトライ＆エラー、仮説検証の動きが加速する。
開発は試行錯誤あるいは仮説検証の繰り返し。霧の中の航海と同じでコンパスがなければ、自信喪失でトライ＆エラーが止まってしまう。GDT というブレないゴールは製品・事業開発に必須のコンパスである。

3 腹落ちし、行動に直結する開発ゴールは事業性を保証する十分条件でなければならない。GDT は十分条件である。

4 ここまで到達できればビジネス・ゾーンに入り、事業が必ず儲かるという具体的なゴールの状態・十分条件を開発技術者は描き、共有しなければならない。GDT は開発する製品がグローバルで事実上の業界標準製品になるという状態・十分条件を示したものである。

5 開発の中止、凍結の意思決定は、ブレないゴールとしての GDT の達成見込みが消滅したときである。製品開発、事業開発の撤退基準である。

6 開発技術者は GDT をとることが最優先の役割、ミッションであることを肝に銘じなければならない。

7 GDT をとることだけを考える、余計なことは考えない、これで十分である。テーマアップも、テーマの進捗チェックもすべては「GDT をとれるか」の一点に絞る。その他のことは走りながら考えればよい。

開発行動の差別化について

わが社は"動き"で他社との差別化を図る

わが社の開発技術者の頭脳は競合他社に比べて劣ることはないが、決して優れているわけでもない。そんなわが社が世界の中で存在感を高めるためには開発戦略や組織体制といった"形"以上に開発技術者自身の"動き"が重要である。

ここでいう"動き"とは、GDT製品という開発ゴールに至る絶えざる仮説検証行動、トライ＆エラー行動の淀みない効率的な流れである。

わが社の開発技術者に突出した"動き"があるだろうか？ あんな凄い動き方をするのはわが社の技術者に違いないと言われるような他社とは一味違う、差別化された"動き"を実現してほしい。

1　GDTに至る最短ルートを共有する
　　1-1　GDTに至る最短ルートを認識する
　　1-2　わが社の開発行動を4つの習慣化で他社と差別化する

2　まず、開発部隊が点ではなく面としての"売り"を持つ（習慣化①）
　　2-1　わが社の技術体系を製品別から「顧客価値」別へ転換する
　　2-2　"売り"はデスバレーに浮かぶ橋頭堡
　　2-3　"売り"のロードマップづくりと技術のブランド化を進める
　　2-4　"売り"をつくる行動を加速する

3　次に、10％サンプル試作の量とスピードで勝負する（習慣化②）
　　3-1　"ブツ"でのコミュニケーションを徹底する
　　3-2　試作力で他社を引き離す

4　さらに、"ブツ"をもってGLCキャラバンを何度も繰り返す（習慣化③）
　　4-1　開発技術者はGLCに的を絞る
　　4-2　業界リーダー企業（GLC）を熟知するしくみをつくる
　　4-3　"ブツ"を持って世界のGLCをキャラバンする

5　最後に、一気に水平展開する準備をしておく（習慣化④）
　　5-1　業界標準スペックとモジュール化
　　5-2　営業に規格受注意識を持たせる
　　5-3　一気にグローバルで業界標準をとる行動

結論とまとめ

1

GDT に至る最短ルートを共有する

わが社の開発技術者の開発ゴールは GDT 製品の開発である。
このゴールは事業性を踏まえた確信であり、
"胆識"であってその着地点は決してブレることはない。

しかし、そのゴールに向かって
やみくもにトライ＆エラーを重ねても
疲弊するだけである。

大まかでよいから、
予め設計・デザインされたトライ＆エラーであれば
粘り強く開発を続けることができる。

GDT というゴールに至るトライ＆エラー行動が
最も効率的にそして効果的に進められる最短ルートがある。
そのルートを開発技術者が認識し、共有することで
開発行動の効率化ができる。

最短ルートに沿った行動という土台の上に、
それぞれ開発技術者個人が持つ個性的な行動を重ねて、
思う存分そして粘り強くトライ＆エラー行動をしてもらいたい。

1-1　GDTに至る最短ルートを認識する

数多くの成功事例を注意深く観察すると、GDTに至る最短ルートが見えてくる。この最短ルートは絶対に突破しなけばならないゲート（関門）とそのゲートを突破するために必要とされる行動のステージで表すことができる。
わが社の開発技術者の行動力が他社を圧倒するために、この最短ルートを共有し、その土台の上に個々の開発技術者の個性的な、粘り強いトライ＆エラー行動を重ねて欲しい。最短ルートを共有することで、無駄な議論や迷いが払拭され、集団としての開発スピード、意思決定スピードを格段に高めることができるはずだ。部分的には既にやっていることもあるだろうが、GDTに至る一つの流れの行動モデルとして設定、共有してほしい。

Gate	Gate1 顧客価値で"売り"をつくる	Gate2 特定GLCの真のニーズをゲットする	Gate3 万全の態勢で特定GLC向けに開発・納品する	Gate4 予めGDT製品規格を確定する	ゴールGDT
Stage	Stage1 "売り"づくりステージ	Stage2 10％試作品のキャラバンステージ	Stage3 特定GLC向け開発プロジェクトステージ	Stage4 GDT獲得準備ステージ	Stage5 一気にグローバル水平展開ステージ
Stage activities	既存製品の顧客価値の棚卸 ⇩ 既存技術を顧客価値で括り"売り"とし、再整理 ⇩ "売り"を進化させる先端技術、他社技術導入のロードマップづくり	GLC調査／絞り込み ⇩ "売り"をもとに10％サンプルづくり ⇩ GLCキャラバン	プロトタイプ ⇩ 知的所有権マネジメント ⇩ 開発契約 ⇩ 製品スペックの決定 ⇩ GLC向け生産	GDTに向けた規格設定 ⇩ モジュール化・イージーオーダー化 ⇩ 技術営業への移管	技術営業部隊によるグローバル提案営業 ⇩ 開発部隊による支援（最小限）

GDT　Global de-facto top：事実上の業界標準品
GLC　Global leading company：顧客業界のリーダー企業

○ステージ１："売り"をつくる
"売り"づくりのステージである。"売り"は「顧客から見た価値」で括った技術群だ。"売り"があれば顧客に提案型の開発を仕掛けることができる。GDT製品開発を効率的に進めるには提案型開発がポイントとなる。"売り"を開発部隊で整理、策定し、共有することで開発部隊の組織としての提案行動が倍増するはずである。"売り"づくりはまず、既存製品の顧客価値の棚卸をおこない、それらを実現している既存技術群を顧客価値で括り"売り"とし、再整理してほしい。

○ステージ２：10％試作品でグローバルにキャラバン
特定の業界のリーダー企業（GLC：Global Leading Company）の真のニーズをゲットするためのステージである。複数のGLCをキャラバン隊のように打診してまわる。その際、必ず"ブツ"としての試作品を提示するのがよい。完成度が10％程度のもの沢山用意する。最初から絞り込むのではなく、多産多死のポリシーで開発技術者が世界中を飛び回る。このように実際の"ブツ"でのコミュニケーション(Communication by materials)することによって、顧客自身が自分たちの真のニーズに気づく。

○ステージ３：GLC向け開発プロジェクト
特定GLCの真のニーズをゲットした後、確実にそのGLC向けに開発、納品するステージである。長年にわたり顧客密着で開発してきたわが社にとっては従来通りで難しいことではない。ただ、知的所有権についてはできるだけ有利な契約が必要だ。特に商習慣の異なる海外のGLC向けの開発では必須である。

○ステージ４：GDT仕様の決定
いよいよGDT製品の標準仕様を設定するステージだ。特定のGLC向けに開発し納品した製品仕様をベースに、業界他社へのスピーディな水平展開可能な標準仕様を設定する。これがGDT獲得のポイントとなる。業界他社へ個別対応の開発を続けていたのではGDT製品とはならない。最大公約数的な標準仕様をわが社が設定して、それを一気に水平展開する。

○ステージ５：一気にグローバル水平展開
設定した製品仕様でグローバルに一気に水平展開し、ゴールであるGDT獲得に至る最後のステージである。ここでのポイントはいかにして開発技術者の関与を少なくして技術営業部隊が効率的な販売をするかということだ。多くの顧客へ自社標準仕様で提案し、限られた範囲でのカスタマイズに限定して、効率的な受注と納品を繰り返さなければならない。従来は顧客の個別ニーズ、要求にきめ細かく対応して受け身で開発技術者が一品料理的な非効率的な開発をしてきた。そうではなく、このステージで技術営業部隊に主役をシフトして、自社標準仕様での効率的な受注行動へと転換しなければならない。

1-2 わが社の開発行動を４つの習慣化で他社と差別化する

GDTに至る最短ルートは定石であって、他社の気の利いた開発技術者であれば同様にアプローチしている。そのような中で、わが社の開発技術者は次の４つの習慣化によって他社以上の高密度の開発行動を実現できると考えている。
４つの習慣化とは
　　習慣化１：予め組織として共有できる顧客視点の"売り"をつくり続ける
　　習慣化２：10％程度の完成度でよいから、"売り"がわかる試作品を他社以上に数多くつくる
　　習慣化３：顧客業界のリーダー企業(GLC)各社に、他社以上の頻度で多産多死でよいから提案のキャラバンをする
　　習慣化４：一気にGDTをとるために、予めグローバル水平展開の効率的展開の準備をする

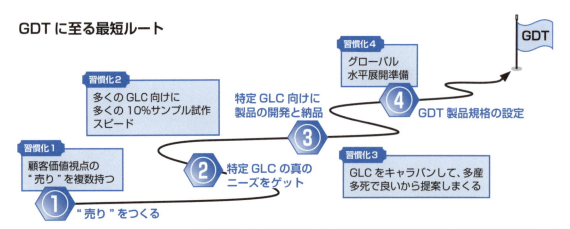

◯習慣化１：他社以上の質と量の"売り"をつくる

競合他社以上の提案を可能にするには、わが社の開発部隊が多くの"売り"を予め用意しておけばよい。提案のための"売り"を個人個人で個別にその都度考えるのではなく、沢山の"売り"を組織として共有し、顧客への提案型開発に使い回せばよい。これができれば、他社との大きな差別化になる。わが社には長年にわたり培われた技術ノウハウが沢山蓄積されている。それらを最大限活用するとともに、新技術を外部から導入して組み合わせることで"売り"の幅は広がる。また、"売り"を深める自社開発テーマも見えてくるはずだ。

わが社では技術の複合化の必要性を言い続けてきたが、やや混乱と停滞がみられる。それを打開するために、それぞれの"売り"ごとに、その"売り"を拡大深耕するためにどのような技術の複合化をすればよいのかを考え、整理すると前進すると考えている。

◯習慣化２：10％試作品をスピーディにつくる

かなり前からデザイン思考というアプローチが流行している。とりあえずアイデアを見える形にして周囲の人々や関係者に打診するのが良いというものだ。あまり試作品の完成度を高めると開発技術者の思い、こだわりが強すぎて客観的な判断が失われてしまうためだという。GDT製品の開発にも当てはまる。次から次へと完成度は低くても良いから"売り"をベースに、できるだけ多くの試作品をつくりまくることである。そして、その中で相手の反応が少しでもあったら、それを糸口にしてまた試作品をスピーディにつくって打診をしていけばいい。パワーポイントのプレゼンでは相手に何のインパクトも与えない。開発技術者に必要なことは"ブツ"によるコミュニケーションの圧倒的な量、ボリュームである。

◯習慣化３：多産多死のキャラバンを多頻度で実施する

可能性がありそうな業界を攻める場合、その業界のリーダー企業に採用されるのがGDT製品開発において一番の近道である。業界の四番手、五番手向けに開発したものがGDT製品となるケースもあるだろうが、それはレアケースと考えられる。色々な業界のリーダー企業の動向を探り、そこにフィットしそうな"売り"を選択して10％の試作品を作ってはリーダー企業をキャラバン訪問する。また来たかとあきれられるぐらい通うことだ。
業界を代表するリーダー企業への提案頻度で他社を超えてほしい。

◯習慣化４：スピーディな水平展開のための事前準備を欠かさない

良くも悪しくもわが社は儲けることに貪欲さを欠いていると感じている。せっかく他社に先んじて差別化された製品をある会社向けに開発しても、その後の手離れが悪く時間を無駄にしている。また、開発した製品を次の顧客企業に提案する際、その顧客の個別要求に振り回されて多くの時間を費やしてしまう。

そうこうしているうちに、GDT製品になる前に競合他社が追い付いてきて競争優位が失われ、本来得られるべき利益が大きく損なわれている。

開発技術者こそ一気にグローバルに水平展開することを考えて欲しい。営業部隊に任せるのではなく、むしろ主体的に水平展開のための製品スペック決定と、展開のシナリオを考え、営業部隊をリードしてほしい。そのスピードを差別化して欲しい。営業に言われるまま個別にチンタラやっていてはだめだ。

2

まず、開発部隊が点ではなく面としての"売り"を持つ（習慣化①）

わが社がGDT製品の開発力で生き残るためには
開発部隊が"売り"をもたなければならない。

長期にわたり、わが社は顧客要求に受け身で対応、開発してきた。
これまでは、それで良かったが、
今後は提案型の開発に切り替えていかないと
GDT製品の開発はむずかしい。

提案型開発には
提案の武器としてのわが社の開発部隊の"売り"を持たなければならない。
幸い過去の対応型の開発で蓄積された多くの要素技術が温存されている。
いまこそ、それらの技術群を
顧客価値視点で"売り"へと再編集するタイミングにきている。

これは、大げさに言えば、
わが社の技術体系を「顧客価値」視点で根本的に作り直すことでもある。

2-1 わが社の技術体系を製品別から「顧客価値」別へ転換する

"売り"づくりは、これまで製品別に蓄積されてきた技術群を、「顧客価値」視点で括り直すことから始めなければならない。受け身のスペック対応型の開発ではGDT製品づくりのチャンスは少ない。顧客は当社の競合他社にも同じスペックを示しており、いわゆる開発オリンピック状態となり、わが社が主導権はとれない。GDTとなる製品の開発をゴールとする以上、先取り提案のためのわが社の"売り"が必須である。製品別の技術の"溜り"から、提案のための技術の"売り"へと技術体系を再構築してほしい。

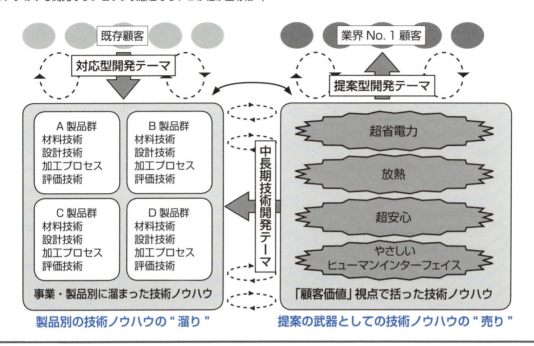

製品別の技術ノウハウの"溜り" ／ **提案の武器としての技術ノウハウの"売り"**

○わが社は対応型開発で伸びてきた企業である
わが社の製品開発は既存の顧客の要求スペックを真摯に受け止め、それに対応するかたちでまじめに製品開発を積み重ねてきた。ひたすら、まじめに対応することで売上と利益の結果もついてきた。対応型開発を休みなく続けた結果として、多くの技術が磨かれ今日のわが社がある。対応型開発のやり方ではわが社は世界広しといえども、かなりのレベルの高さにあると感じている。しかし、わが社が当たり前のようにやってきたこれまでのやり方では限界があると考えている。

○対応型開発から提案型開発へ軸足を切り替える時期に来ている
顧客の要求スペックにわが社の技術で対応して製品開発することが悪いわけではない。ただ、顧客は同じ要求スペックをわが社の競合他社にも示していることも多い。わが社が一生懸命開発して仮に一番乗りをしても、量産段階になると他社との同等品との価格競争に巻き込まれることも多い。顧客に振り回されて消耗戦に陥ることもある。対応型ではなく提案型開発であればわが社が主導権をとれる。GDT製品として事業性、つまり売れて儲けることができるのである。提案型開発を仕掛けるためには、その提案のための"売り"（＝「顧客価値」視点で括った技術群）が沢山、多様にあればあるだけ良い。

○"売り"を先に決めて蓄積された技術ノウハウを複合化するのが良い
わが社ではこれまで横断的な技術の複合化を唱えて、例えば開発拠点を一か所に集めることで技術の複合化を促してきた。ある程度の効果はあったが依然として組織や担当製品の壁は厚いと感じている。技術の複合化は簡単に進まない。そこで、ざっくりと"売り"を先に決めて、その"売り"の実現と深耕に関連する蓄積された技術ノウハウを束ね、複合化することを試みてはどうか。最初からわが社にとってベストな"売り"がつくれるわけではない。わが社の"売り"自体が競争環境や市場環境によって変わっていくもの、進化させるものと考えれば良い。

○わが社の技術体系を製品別から「顧客価値」別へ大転換する
対応型製品開発を基本にしてきたわが社には膨大な技術ノウハウが蓄積されている。ただ、その技術ノウハウは材料技術、加工技術、製造プロセス、評価技術などが製品別に蓄積され、受け継がれてきている。この膨大な技術ノウハウを製品別から「顧客価値」別に組み替えることで、他社を上回る提案の武器としての"売り"をつくることができるように思える。
これを技術体系という言葉で説明すれば、これまでの対応型開発で出来上がってきた製品別の技術体系を「顧客価値」別の技術体系に転換することである。わが社が技術体系を大転換する時期に来ているということを言いたいのである。

2-2 "売り"はデスバレーに浮かぶ橋頭堡

技術と市場の間にはデスバレー（死の谷）が横たわっている。その死の谷を越えるためには、シーズ指向の開発ではなく、しっかりと顧客ニーズをとらえた開発をしなければならないと教えられてきたし、顧客密着でそのように実行してきた。昨今のわが社の問題は、開発技術者が消耗戦に陥って結果がついてきていないことだ。開発技術者が疲弊しない効率的なGDT製品開発を実現しなければならない。"売り"がその問題を解決してくれる。

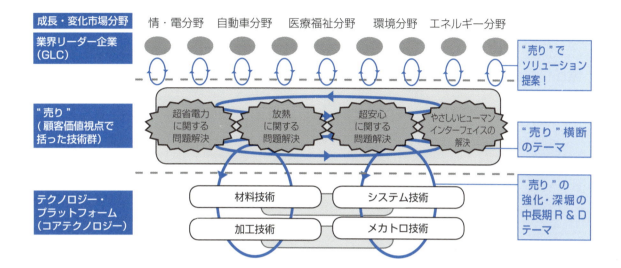

○開発技術者の勲章は多産多死の数で決まる

わが社がGDT製品の開発力で他社をリードするためには、開発技術者がチョットした提案の"ブツ"をどれだけ作って顧客業界のリーダー企業に足を運び、見せるかである。玉石混淆の提案でよい。大切なのはそのボリュームであり、量である。多産多死のボリュームといっていい。

ただ、多産多死だからと言って360度無茶苦茶に撃って良いわけではない。"売り"を絞り共有し、的を顧客業界のリーダー企業に絞るのである。そういう共有化されたルールのもとで、密度の高い提案が可能となる。開発技術者の勲章は今期どれだけの数のチョットした"ブツ"を多産して、提案先の顧客に返り討ちされ、多死をしたかである。わが社にブレークスルー狙いの単発屋、一発屋はいらない。

○「顧客価値」でコミュニケーションできる開発技術者となる

開発技術者のほとんどは理系で、技術用語でのコミュニケーション力に優れた人々の集まりである。一方、企業は顧客に価値を提供して報酬をいただき存続を続けている。わが社の開発技術者が技術用語でコミュニケーションすることは当然のこととして、その上に「顧客価値」でコミュニケーションする力を持てば最強になれる。"売り"を"ブツ"に体化させて発信し、その反応としてのさらに先鋭的な、あるいは微妙に異なる「顧客価値」を受信する。このようなGDT製品に至る「顧客価値」でのコミュニケーションを楽々とこなせる開発技術者であってほしい。"売り"を考え、つくり、共有することはそのイロハのイなのである。

○"売り"を複合した製品提案は最強の提案になる

わが社のこれまでの技術ノウハウの蓄積から複数の"売り"をつくることができるはずだ。それぞれの"売り"を体化させた提案の"ブツ"を提示することで顧客からの多様な反応を期待できる。これが基本プレーであるが、さらに貪欲に2～3の複数の"売り"を複合化させた提案ができれば、わが社ならではの独自の提案をすることもできる。このような尖がった提案も"売り"を明示的につくり、共有することで可能になる。

わが社には無限とも思える潜在的な顧客価値を持っているということである。"売り"をつくり、それを束ねて提案"ブツ"を数多くつくることだ。

○中長期R&Dテーマを"売り"に関連付ける

中長期を展望したR&Dテーマをわが社でも進めている。開発技術者個人からのテーマアップが多い。世の中の技術の潮流をみた、まだはっきり見えていない技術開発のテーマである。しかし、わが社だけのことではないが、中長期テーマはその位置づけと目標が漠然としており、目の前の緊急テーマが常に優先されることで進展しない。中長期テーマはいつも中長期テーマとして滞っている。

一つ提案がある。わが社の中長期テーマを原則として"売り"に関連付けてはどうかである。現在の"売り"を深耕するためのテーマであったり、複合化することで"売り"を進化できるようなR&Dテーマである。こうすることで、その位置づけと目標が明確になる。いつも後回しになる中長期テーマを加速させることができる。

53

2-3 "売り"のロードマップづくりと技術のブランド化を進める

わが社では顧客業界の製品ロードマップをベースにした技術ロードマップをつくっている。どのような技術を開発、導入するべきかの技術の基本戦略である。似たようなことは他社でも実施している。技術のロードマップだけでは勝てない。わが社のビジネスの基本戦略は他社に負けない質と量のGDT製品開発であり、そのために他社以上の"売り"を持たなければならない。
そして、その"売り"自体を進化・変化させていかなければならない。技術開発で世界的に有名な米国のスリーエム社では、フィルムや接着技術をもとに数多くのGDT製品を開発してきた。初期は多様な接着を制御するということで「接着のコントロール」という幅のある"売り"から、偶然開発されたポストイット、バス車体に貼る広告フィルムなど、「簡単に剝がせる」「きれいに剝がせる」という"売り"へと展開していった。同様な"売り"のロードマップを製品や技術分野は違うがわが社でもできるはずと考えている。

"売り"のロードマップ（イメージ）

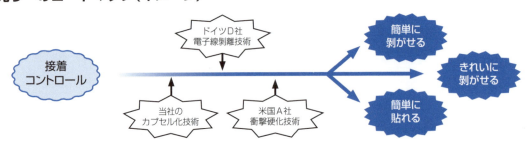

- ○ "売り"のロードマップで進化させる
  エプソン社はひと昔前に「省電力」という"売り"を決めたことで省電力のインクジェットプリンター、省電力半導体、省電力小型精細ディスプレーなどGDT製品開発にはずみがつき業績を大きく伸ばした経緯がある。しかし、今日では「省電力」は業界では常識であり、もはや"売り"とはいえない。「超省電力」でなければ"売り"とは言えない。このように"売り"は時間とともに進化・変化させていかなければならない。
  "売り"の進化を組織で共有するためにはロードマップを作ってみるとよい。現状の"売り"をどのように進化させるのか、また次にどのような「顧客価値」を"売り"に加えていくのかが共有できる。

- ○ わが社から能動的に外部技術を取り込む
  流行に乗った技術ということだけで技術提携や導入を考えていないだろうか。あるいは、誰か外部の人から提案されて技術導入や、技術獲得のためのM&Aなど、受け身の対応に終始していないだろうか。それでは結果は出せない。"売り"のロードマップをつくることで、自社で開発すべき新たな技術と外部から取り込むべき技術が見えてくる。外部技術の取り込みは受け身でなく、わが社の方からその機会を待って仕掛けていかなければダメだ。強力な"売り"を維持、展開していくために外部の技術を取り込み既存の自社技術と複合化させることは必須である。

- ○ 技術ブランドとしての"売り"をつくる
  わが社の開発技術者はブランドという言葉を技術とは別の世界のものと勘違いしていないだろうか。手に取ってみることのできないもの、抽象的なものほどブランドは意味を持つのである。技術は手に取ってみることのできない抽象的なものである。「顧客価値」も同様である。トヨタの開発部隊では「ゴア」という技術ブランドを旗印にして車体の安全技術を集約、進化させた。車体の剛性、衝突時のショックの吸収技術などの要素技術を束ねたものである。まさに車体の「安全性」に関連する技術を束ねた技術群を「ゴア」と名付けて、ブランド化したわけである。
  技術ブランドでは「プラズマクラスター」も有名である。シャープが開発したマイナスイオン発生や消臭、減菌などの効果を出す技術の名称である。
  わが社の開発技術者は自分たちに蓄積された技術に「顧客から見た価値」のレッテルを貼ってわが社の技術ブランドを沢山作って欲しい。それが"売り"でもある。

- ○ "売り"を発展させる
  冒頭でとりあげた米国のスリーエム社は、接着技術、フィルム技術、削る（グラインダー）技術など13の基盤技術を持ち、それを組み合わせながら多様な市場分野に独創的な製品を開発してきた。強力な接着剤を開発する過程で、偶然に接着力の弱い接着剤が見つかり、それを付箋のノリとして使いポストイットが世に出された話は有名である。"売り"は「剝がしやすい」である。その後"売り"は「楽にきれいに剝がせる」へと進化する。バスの車体に貼る広告フィルムの最大のポイントは定期的に張り替える現場作業の効率であった。「楽にきれいに剝がせる」ことで新市場を創出した。もちろん業界標準となる、まさにGDT製品の開発に成功したわけである。
  "売り"を進化させることで新たな市場を創出することもできる。わが社の開発技術者は何としても"売り"を持ち、それを継続的に発展させてもらいたいのである。

2-4 "売り"をつくる行動を加速する

GDT製品の開発を基本戦略とするわが社にとって"売り"はその根幹となるものだ。わが社の"売り"づくりの行動をモデル化、共有化して開発技術者は一丸となって他社以上に"売り"をつくり、進化させ続けなければならない。そのためには競合他社の開発技術者に対して、行動で差別化してほしい。開発力は一人一人の頭脳も大切だが、それ以上に全員の行動パターンの差別化がポイントとなる。

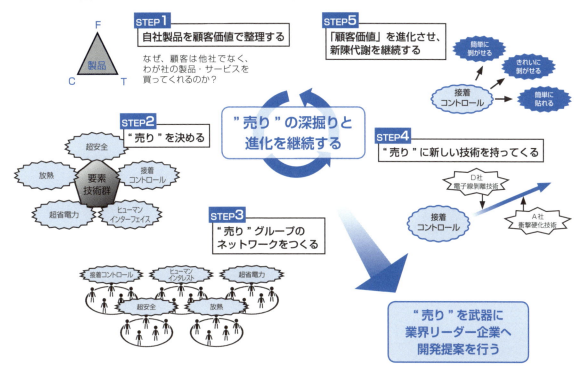

- ○ステップ1. 自社製品を顧客価値で整理する

  第1ステップは既存製品の顧客価値の棚卸である。開発した製品がなぜ売れなかったのかについては日常的に議論が交わされている。一方、今売れている製品がなぜ売れているのかについての整理はなされていない。「顧客は、なぜ他社でなくこの製品・サービスを当社から買うのか」を全製品について棚卸しなければならない。

- ○ステップ2. 顧客から見た価値で括った"売り"を決める

  ステップ1で棚卸した「顧客価値」を整理すると、開発部隊の努力で製品自体に体化された付加価値と、営業部隊が顧客とのインターフェイスでつくった付加価値に分けることができる。製品自体に体化された付加価値をさらに注意深く観察するといくつかのわが社ならではの"売り"をピックアップできる。

- ○ステップ3. "売り"ごとの技術者グループとそのネットワークをつくる

  複数の"売り"がまな板の上に乗ったら、それぞれの"売り"を深化・拡大させるグループをつくると良い。技術は人についている部分も多いから、それぞれの"売り"に関係する技術者のグループを複数つくればよい。そこには、世界中の新たな事例や関連する先行技術などが共有される。

- ○ステップ4. "売り"に新しい技術を持ってくる

  "売り"のロードマップはそれぞれのグループで作成する。外部から導入した技術ノウハウとわが社に蓄積された技術ノウハウを複合化、融合化することで強力な"売り"にすることができる。インクレメンタル・イノベーションがわが社の基本であることは既に述べたが、外部技術ノウハウとの複合化、融合化こそわが社の開発技術者に求められる基本行動である。"売り"のロードマップをつくり、自分たちとは畑違いの技術ノウハウを能動的に取りに行って欲しい。ただし、最初は小さく、慎重に。

- ○ステップ5.「顧客価値」を進化させ、新陳代謝を継続する

  成熟という言葉が言い訳に使われている。しかし、成熟した製品や市場は新たな「顧客価値」で生き返るのであり、その「顧客価値」視点で開発技術者は挑戦し続けて欲しい。わが社は進化・変化のスピードで世界に勝たなければならない。わが社の開発技術者は"売り"をつくり、進化・変化させることにおいて、競合他社を一歩も二歩もリードして欲しいのである。

3

次に、10％サンプル試作の量とスピードで勝負する
（習慣化②）

"ブツ"で提案することをわが社の基本ルールとしたい。
"ブツ"とはチョットしたサンプルのことである。
言葉だけでは相手に伝わらない。
言葉だけでは相手は反応しない。
"ブツ"を見て、触って初めて相手の脳にスイッチが入る。

昨今のイノベーションブームの中で
色々なやり方、考え方の書籍が出ているが、
それらに共通しているのは
アイデアを煮詰めすぎる前に
"ブツ"でコミュニケーションする重要さである。

わが社は提案型開発に必須であるサンプル試作力で他社を凌駕したい。
チョットしたサンプルを短時間でつくれる
「試作工房」を設置し、24時間体制で稼働させる。
難しいことではない、日本とアジアと欧米の3カ所に置けばよい。
コストダウンのための工場をつくる以上に
高付加価値製品づくりのためのサンプル工房をつくることが
重要かも知れない。

3-1　"ブツ"でのコミュニケーションを徹底する

10%試作品は顧客企業の真のニーズをゲットする呼び水である。いくら顧客企業を訪問して「貴社のニーズは何ですか?」と聞いて出てくるものではない。出てきたとすれば、それは既に競合他社にも伝えている内容と思って間違いない。では、わが社が他社に先駆けてGDT製品を開発するための潜在的な「真のニーズ」をどうすればゲットできるのか？　提案の"ブツ"を見せること以外にない。なぜなら、「真のニーズ」とは、顧客が持っているものではなく、"ブツ"を見た瞬間に顧客が気づくものだからだ。先方の担当者の頭の中は決して整理されているわけではない。多くの漠然としたニーズらしいものが混とんとした状態で頭の中に雲のように漂っているのだ。予めニーズが整理されて形になっているわけではない。
そんな状態のときに、わが社の開発技術者が簡単なサンプルを見せると、顧客が自分たちの「真のニーズ」に気づくというわけだ。
わが社の開発技術者は簡単なサンプルづくりの数とスピードで他社を引き離して欲しい。そういう開発集団であって欲しい。それがGDT製品開発で世界と勝負するわが社の生き様なのである。

○"ブツ"を触ることで顧客の脳にスイッチが入る
一昔前、ソニーが世界を制覇したパスポートサイズのビデオカメラを開発した時の話が印象的だ。当時海外旅行がブームを迎えており、パスポートサイズは絶好のコンセプトであった。しかし、決まっていたのはパスポートサイズということだけで、他は漠然として開発が進まなかった。そんな時にパスポートサイズのモック(実物大の模型)を誰かがつくり、それを皆が手に取って触り始めた。その時、開発技術者達の頭のスイッチが入った。次々に具体的なアイデアや意見がでてきたのである。どうも人間という生き物は"ブツ"を見たり、触ると頭が働き始めるようだ。特に、日本人にとっては触れることのできる、英語でいうところのタンジブルな状態をつくることが大切と考えている。同じことが社内での新製品検討会についても言える。チョットした"ブツ"があると周囲の人々が興味を持って色々プラスアルファのアドバイスをしてもらえる。

○サンプルを置いてくるのも有効
わが社の開発技術者による提案のプレゼンテーションのタイミングが顧客にとっていつもベストとは限らない。そこで、富山の置き薬商法ではないが、簡単なサンプルを置いてくるのも一つの手である。プレゼン時点では反応のなかった顧客が、あるときそれを触って、ハッと自分たちの「真のニーズ」に気づくかもしれない。「真のニーズ」との出会いの確率を高める良い方法である。"ブツ"を沢山つくって世界の顧客業界のリーダー企業に訪問しては置いてくるのである。わが社の開発技術者が顧客に「こんどはどんな変なモノを持ってきたの？」と呆れられほどの関係になれば大したものだ。そんな開発技術者であってほしい。

○進化した動画技術を使わない手はない
昨今の動画技術の進化は驚くべきものだ。触れることのできる"ブツ"が有効だが、さらにその"ブツ"の顧客にとっての使い勝手やメリットを、簡単なシミュレーション動画をつくって見せるのもインパクトがある。"ブツ"を見るのと同様に、動きが顧客の脳のスイッチを入れる。特に簡単な動画を準備するのがよい。パソコンを使った動画技術の進化は凄まじいものがある。これを使わない手はない。相手の状況を詳細にわかっているわけではないので大胆な前提を置いた仮説レベルで十分だ。動きに顧客は反応する。

○わが社の開発技術者は"ブツ"とシミュレーションでコミュニケーションする
プレゼンテーションの手段としてはパワーポイントが便利で一般的である。なぜ、わが社ではチョットした試作品、あるいは動画等によるシミュレーションを重視するのかを考えて欲しい。そもそもプレゼンテーションとは、相手の頭の中にできるだけ具体的なイメージ、像をつくることが目的である。相手が文字や言葉だけから頭の中に具体的なイメージをつくることは容易でない。こちらが図などを用意すれば少し楽になる。"ブツ"があればさらに容易にイメージを共有できる。言葉の壁も超えることができる。さらに、シミュレーション動画を見ればさらに確実にこちらの意図をイメージしてもらえる。わが社の開発技術者はサンプル試作力、シミュレーション力で他社の技術者を大きく引き離して欲しいのである。

3-2　試作力で他社を引き離す

顧客も技術者自身も"ブツ"を触ることで脳のスイッチがONになる。だから、優秀な開発技術者は沢山のサンプル試作品をつくる。
製品企画力＝サンプル試作品の数と言っても過言ではない。ひとたびチョットしたサンプルをつくれば、顧客や社内の周囲が寄ってたかって叩いてくれる。ダメ出しから建設的なコメントまで様々だ。それをベースにサンプルを「上書き」していけばよい。
「上書き」のスピード＝製品コンセプトづくりのスピードである。スピーディな開発とはそのようなものだ。
わが社の開発技術者はもっとサンプル試作の質と量を高めてもらいたい。そのために国内だけでなく、海外においても試作工房をさらに充実させることも検討中である。わが社の製品開発にとって試作力はそれほど重要なのである。

完成度は１０％で十分だ

「放熱モジュール」のサンプルを作ろう。自動車メーカやコンピュータメーカ向けに提案する

○試作スピードが業績アップにつながる

ある日本の航空機関連の機器メーカーの話である。新製品の開発や、客先からの仕様変更に試作工房が大きな効果をあげている。その会社では事業規模の拡大とともに、わが社と同様、生産拠点を海外へシフトさせてきた。わが社と同様に困ったのが試作だった。この状態を脱却するために、この企業ではインドに大きな試作拠点を新たにつくった。優秀な現地人材を多数雇用した。国内開発部隊とのコミュニケーションはTV会議をはじめ最新のIT環境を提供した。試作力では競合他社を引き離すことになり、顧客の評価も高まることになった。受注アップにもつながり、好業績を続けている。わが社においても試作力の重要さを認識しなければならない。

○擦り合せ型開発に試作工房は必須

製品開発のやり方には二通りある。日本と海外企業のモノづくりを詳細に分析した東京大学の藤本教授によれば、組合せ型と擦り合せ型があるという。組合せ型は先に詳細な設計図があり、既成の部品を組み合わせていくやり方で欧米企業のやり方である。これとは反対に、擦り合せ型はおおよその設計図をもとに、それぞれの部品を試行錯誤で、それこそ擦り合せて作り上げるという、日本企業のやり方である。組合せ型が別名レゴ型、擦り合せ型が粘土型とも呼ばれている。擦り合せ型で日本企業はモノづくりで世界に存在感を示した。わが社も同様である。擦り合せに試作は必須である。チョットと変えてはまた試作してみることの繰り返しで前進する。擦り合せ型であるわが社の開発技術者にとって試作工房は必須であり、試作に明け暮れて欲しい。擦り合せ型の開発技術者と試作工房は一体なのである。

○ベトナムに工場と試作工房をつくる

世界の企業で擦り合せ型を得意とする民族は少ない。日本とタイ、ベトナムくらいであろうか。他の国の企業はほとんどが組合せ型である。
わが社は近い将来ベトナムに新工場と試作工房をセットで持とうと計画している。その理由はベトナムが擦り合せ型のモノづくり、製品開発に適しているからだ。国内とベトナムの垣根をなくし、両国拠点の工場と試作工房を一体化させた運営で、進化・変化のスピードでNo.1、GDT製品開発でNo.1の企業となる夢を持つのも悪くはない。ベトナムの優秀な技術者がわが社で大活躍している姿が見えるようだ。

○「上書き」のスピード

ゼロから1を産み出す開発はブレークスルー・イノベーション、1を積み重ねて100にするのがインクレメンタル・イノベーションである。わが社の開発技術者はインクレメンタル・イノベーションを基本とすることは既に述べた。それがわが社の目指すイノベーションである。インクレメンタルは少しづつ段階的にという意味である。少しずつ、しかし絶えず「上書き」をし続けるということである。わが社の開発技術者がこれまでやってきたことであって、決して新しいことでも何でもない。小さな異質の技術を少しずつ取り込み、既存技術と複合化すればインクレメンタル・イノベーションになる。自信をもってそれを加速させればいい。そうすれば、GDT製品を数多く世に送り出すことができ、存在感を示すことになる。安易な製品成熟論に終止符を打とう。

4

さらに、"ブツ"をもって
GLCキャラバンを何度も繰り返す（習慣化③）

GDT製品を開発するためには、開発技術者はまず最初に
顧客業界をリードする企業(GLC:Global Leading Company)のどれかに
狙いを定めて切り込めばよい。
成功すれば他の顧客企業は後から自動的についてくる。
だから、開発技術者は
顧客業界のリーダー企業にコネクションを持つことが求められる。
そのために顧客業界のリーダー企業に的を絞って
情報収取と訪問を繰り返す。
開発技術者のマーケティングとはそういうことだ。
営業マンのマーケティングが
顧客業界全体を視野に入れて情報をとるのとは全く異なる。

GDT製品の開発を目指す技術者は
顧客業界のリーダー企業とのやり取りに
多くの時間を使わなければならない。
固定的な既存顧客中心ではなく、
新たな顧客業界のリーダー企業を中心に、
その扉をノックしなければならない。

そのために、"ブツ"を持って、
世界のGLCをキャラバンしまくるのも一つのやり方である。
近場を動いているだけではダメだ。

4-1　開発技術者は GLC に的を絞る

GDT製品に至る最短ルートとして、グローバル視点で顧客業界のリーダー企業（これをGLC：Global Leading Companyと呼ぶ）にまず最初に採用されることがポイントである。業界4位5位の企業相手に提案して採用されても業界内の他の企業への影響力は大きくない。開発技術者の提案すべき相手としてGLCに的を絞らなければならない。それほど、提案先の選定は重要である。

最初にボタンの掛け違いをすると、それは決してGDT製品とはならないのである。わが社の開発技術者は"売り"を10%の試作品に仕立ててひたすら顧客業界のリーダー企業（GLC）へ提案すればよい。"売り"が武器になりそうな業界はたくさんあるから、次々にその業界のGLCに向けて、片っ端から提案しまくればよい。

○「とりあえず日本企業から」はダメ
よくある開発技術者の行動として、まず日本市場で立ち上げて、それから世界の企業相手に売っていく、というのがある。日本企業を相手にする方がやり易いことは分かるが、このやり方ではGDT製品への道のりは遠い。その大きな理由は、日本企業の特性として提案に対する反応が遅いこと。意思決定に時間がかかる。例えば、最初から目利きができ意思決定のできる役職の人が出てくるのではなく、いわゆる下っ端がでてくる。意思決定までに気の遠くなるような時間を必要とする。途中で話が消えてしまうこともある。医療機器などの分野では米国の顧客企業の反応において10倍くらいのスピードの差があると言われている。「急がばまわれ」ではないが、「急がば海外企業から」である。技術者にとって言葉の壁はそんなに高くない。ほとんど試作品と図面と数式・数値でコミュニケーション可能である。必要なのは思い切ってメールを出して面談のアポイントメントをとることだけである。

○安易に業界4位5位企業を相手に選んではダメ
GLCはわが社にとって敷居が高いと感じて、まず第一段階は業界のシェアが低位の顧客向けに開発提案をして、それからトップ企業を狙うと考えがちだが、これはダメである。目標をGDT製品の開発と定めた以上、シェア低位の企業向けの開発は寄り道、道草であって、利益に結び付く開発とはなりにくい。もちろん例外もありシェア4位、5位企業への開発がGDT製品になることもあるかもしれないし、時には顧客業界のリーダー企業がお付き合いする相手として不適当な場合もある。あくまで基本であるが、業界トップ企業から攻めるのがよい。

○ GLC に受け身の対応をして良いことはない
GLC向けの開発の全てが良いわけではない。開発にはわが社からの提案型と、先方からのスペックへの対応型の2種類がある。わが社が目指すGDT製品開発においてはGLCへの提案型が必須ということである。受け身の開発ではGDT製品開発はできない。ある、電子機器メーカーが世界の携帯電話業界のGLCからのスペック対応型の開発を実施し、納品することに成功した。しかし、ビジネスとしては厳しいものであった。相手がグローバルの巨大GLCであり、開発コストのかなりの部分を負担してもらう代わりに知的所有権の範囲を絞られ、また他社からも購買することを許容する契約となっていたためである。わが社ではこのようなGLC相手の受け身の開発は慎重に考えなければならない。

○提案先を GLC に絞り数多く提案する
わが社にとって最も重要なことは、GLC向けにチョットした試作品を提案する頻度であり、その量である。受け身と提案では天と地ほどの違いがある。提案型は儲かるGDT製品開発につながり、受け身型では開発技術者の疲弊が待っている。「今期、どのような顧客業界、業種にアプローチしたのか？　それぞれの業界のリーダー企業の何社に対してチョットした試作品を提案したのか？」という設問を開発技術者はいつも自分自身に対して問いかけて欲しいのである。

○わが社では開発技術者自身が GLC のエンジニアとコネクションを持つ
人脈が大切なのは営業マンだけではない。開発技術者も人脈を持たなければならない。ただ、開発技術者の人脈は広い必要はない。むしろ日本を含めてグローバルのGLCの技術者に絞った方が良い。できるだけ多くのGLCの技術者の名刺をもつことである。そのためには、GLCを沢山訪問しなければならない。そして、訪問を効果的にするためにチョットした試作品が必要である。コツコツとこのような行動を続けることがわが社のGDT開発力を高めることになる。

4-2 業界リーダー企業（GLC）を熟知するしくみをつくる

営業に頼った顧客情報では不十分である。営業担当者は担当企業や担当製品分野の情報収集を最優先するのであって、GLCの情報を深く探る時間はない。GDT製品の開発のためには開発技術者が自分たちでGLCを熟知するしくみをつくらなければならない。例えば、開発技術者が世界の業界リーダー企業（GLC）を分担してウオッチするしくみである。データシステムのような機械的な仕組みにたよるのではなく、人ベースの情報蓄積の仕組みをつくるのがよい。例えば、アップル社の開発動向についてはA君が担当すると決めればよい。そして、アップル社の最近の技術や、開発の情報はA君に聞けばよい。また、誰か他の技術者がアップルに関する情報を見たり聞いたりしたらA君にメールすることをルール化すればよい。A君にアップル社の情報を集中させるのである。使い勝手の悪いデータシステムに代わって、スピーディで使い勝手の良い、生きた人ベースのナレッジシステムが簡単にできるはずだ。

A君は担当するアップル社について4つの情報の「場」を廻す

① 社内ネット上の「場」
アップル社の情報をA君が担当

A君はアップル社に関係する4つの「場」を運営する
A君に聞けばアップル社のことがおおよそわかる
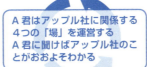

④ 社内の「場」
アップル社に関する勉強会を主催
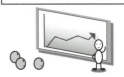

② 営業部門との「場」
営業のIT市場担当と常時交流
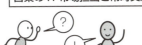

「場」からキッカケを掴んで、製品コンセプトづくりへ発展

③ 社外との「場」
外部有識者講演会を主催

○ **GLCに関する限り情報収集は営業に頼らない**

わが社の開発技術者はGLCに関する情報、動向を営業マンに頼っている感がある。これではGDT製品開発に向けての"売り"づくりも遅いし、提案のスピードも期待できない。あえて極論すれば、「開発技術者にとっての顧客はGLC企業群だけであって、他の一般企業のことは考えなくて良い」のである。その代わり、GLCに関しては営業部門以上の情報と動向把握をしなければならない。GLCをよく知る開発技術者集団ができれば最強である。

○ **GLCに限定して担当ウオッチャーを分担する**

GLC企業の数は多い。大規模な消費財メーカーからニッチな生産財メーカーまで大小さまざまな業界のリーダー企業が存在する。その中からわが社の"売り"が武器になりそうな業界のリーダー企業を選別して、開発技術者一人ひとりが担当を分担する。
例えばA君はアップル社を担当する。A君は自らアップル社の情報、動向のニュース記事を集めて社内ネットにアップする。他の開発技術者も何かアップル社に関する情報があれば、A君にとりあえずメールしてA君に情報を集中しておく。他の開発技術者がアップル社に関して知りたいことがあればA君にメールか電話をすればいい。そもそも、そのことに関する情報があるのかないのか、あるとすればどこにアクセスすればよいかを教えてもらえる。細かな情報は後でよい。常にアップデートされた生きた情報をスピーディーに知ることができる。

○ **担当営業との常時コンタクト、社外有識者との定期交流**

アップル担当のA君は、事業部門のIT担当の営業マンともコンタクトしてアップル社に関する情報を収集する。お互いに情報を交換することでアップル社についての情報、動向を把握することができる。今期の売り上げで多忙な営業部門にとっても開発部門からの情報はありがたい。また、営業部門がアップル社をどう見ているかも知ることができる。
社内だけでなく、大学の先生など社外有識者を訪ねたり、招いて小さなセミナーを開催することも重要だ。とかく情報源が偏りがちになるので、多様な外部講師の話は新鮮である。開発技術者が提案づくりをするにあたり、そのイメージづくりの大きな助けになることもある。これもA君の役割の一つである。

○ **GLCごとの社内勉強会**

わが社では、最新の技術に関する勉強会を定期的に行っている。開発技術者として技術の知見を磨くことは大切である。同時に、GLCに関する情報、動向も勉強して欲しい。A君の場合は、「アップル社の現状と動向」というテーマで定期的に勉強会を開催するのである。
A君の役割を簡単に言えば担当するアップル社に関して4つの"場"を運営、主催するということだ。①社内ネット上の"場"　②営業部門との"場"　③社外有識者との"場"　④社内勉強会の場　である。

4-3　"ブツ"を持って世界のGLCをキャラバンする

わが社の開発技術者は"売り"を土台にしたチョットした試作品をつくり、それを持って世界のリーダー企業をキャラバンすることを最優先、習慣化してほしい。多忙を理由にこの行動を怠ってはならない。なぜなら、これがわが社の生命線であるGDT製品開発につながる基本行動だからである。
サンプルを携えたGLCキャラバンを年中行事化するのが良い。

そのスケジュールに合わせて開発技術者は半強制的に提案企画と"ブツ"づくりを懸命に進めなければならなくなる。今わかっているGLC動向と、今のわが社が提供できる"売り"を結びつけて提案する製品コンセプトと試作品をつくるという習慣化ができる。

①業界リーダー企業 (GLC) のニーズの仮説をつくる

②"売り"に関連付けた10%"ブツ"を作成

10%"ブツ"を持って世界中のリーダー企業をキャラバンする

リーダー顧客の「真のニーズ」を掴む

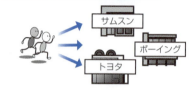
④世界のリーダ企業をキャラバン

③業界リーダー企業 (GLC) へ"ブツ"の訪問プレゼン

○まず、GLCの動向をみて顧客ニーズの仮説をつくる
GLCごとに情報の担当者がいるから、提案するにあたってはその担当者を交えて提案製品の仮説を色々議論し、基本コンセプトをいくつか準備する。一つの"売り"に関するコンセプトだけでなく、その他異なったわが社の"売り"を組み込んだコンセプトも多数準備する。限られた情報の中で仮説をつくるわけだから失敗を恐れずに、打診する感覚で粗くて良いから仮説づくりを行う。

○つぎに、わが社の"売り"に関連付けた10%完成度の試作品をつくる
仮説のコンセプトに基づき簡単なサンプルを作成する。わが社の"売り"と関連付けたサンプルである。サンプルの種類は沢山あればあるほど良い。
異なった"売り"を体化させたサンプルを多数準備する。試作工房があると大きな助けになる。

○その"ブツ"を持ってGLCを訪問プレゼンする
サンプルが複数準備できた時点で狙った業界のGLCにアポイントメントをとり、サンプルという"ブツ"を持って訪問、提案のプレゼンを行う。プレゼンの目的は複数のサンプルを見せて、相手の反応をみることである。あまり詳細な技術的な説明ではなく、ざっくりとわが社が想定した顧客のメリット、顧客にとっての価値を説明するのが良い。技術の話も良いが、そればかりでは顧客の潜在ニーズを探ることができない。"ブツ"があることで色々な意見交換ができ、その中から潜在的な顧客ニーズを先取りできる。

○同様に、他の業界のGLCにキャラバンする
狙った業界のGLCへのプレゼンをするのと並行して、他の業界のGLCへの提案も準備する。同じ"売り"で、その業界に受け入れられそうなサンプルを複数つくり、世界の複数のGLCにキャラバンのように提案訪問を実施する。年に1～2回の提案キャラバンを定例化、習慣化するのが良い。
キャラバンのために提案の基本コンセプトづくり、チョットした試作品づくり、GLCへのアポイントメント取りと追われるように多忙になるはずだ。
わが社流のGDT製品開発の行動が形づくられ、開発技術者の間で定着していくことになる。

○"ブツ"を呼び水にして、顧客の「真のニーズ」をゲットする
くどいようであるが、わが社が狙うGDT製品開発にとって意味のあるニーズは、顧客が持っているものではなく、わが社の開発技術者が準備したチョットしたサンプルを見て、顧客が気づくものである。それが「真のニーズ」であり、わが社の売り上げと利益に結び付くニーズなのである。
「真のニーズ」をゲットできれば、勝ったも同然である。
その「真のニーズ」をゲットするために、他社以上の多様な、チョットしたサンプルを量産し、圧倒的な頻度で提案しなければならない。それが勝負である。わが社の開発技術者はその勝負に勝ってほしいのである。"ブツ"とGLCキャラバンはセットである。

5
最後に、一気に水平展開する準備をしておく（習慣化④）

わが社では他社に先駆けて良い製品を開発しても、
その後の水平展開でもたつくと感じている。
本来であればもっと儲かったに違いない製品が、
業界標準品の地位を獲得する以前に、
後発他社の追随を許してしまっている。

せっかく開発した新製品を GDT 製品に仕立て上げるためには、
グローバルでの水平展開のスピードが非常に重要である。

開発技術者は、GLC 向けの開発を実施する最中に、
同時並行して、その後の水平展開をスピーディに
そして、一気に展開するための準備をしなくてはならない。

5-1 業界標準スペックとモジュール化

特定のGLCに開発したわが社の新製品をその業界の他の顧客企業へ一気に水平展開してGDT製品(事実上の業界標準品)に仕立て上げなければならない。一気に水平展開してトップシェアをとる効率的な営業と技術対応が求められる。
そのためのポイントは2つ。新製品の標準スペックを先取りして決め、その規格から最小限のカスタマイズで受注することが一つ。
もう一つは、そのカスタマイズ部分の種類を限定して、予めモジュール化して顧客に対応することである。100%顧客の要求スペックに対応するという姿勢では開発技術者が何人いても足りない。
営業も水平展開にあたっては、標準スペックや対応するカスタマイズの限度をしっかり認識して顧客に対峙しなければならない。
こうすることでスピーディにそして、一気に水平展開が可能となり、GLC向けに開発した新製品をゴールとしてのGDT製品に仕立て上げることができる。

一気に水平展開してGDT

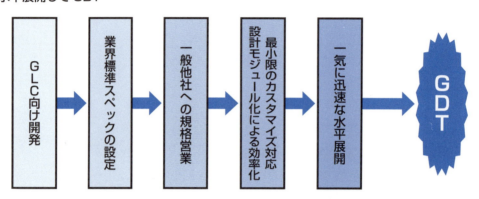

○**個別対応の開発から業界標準スペック対応へ**
新製品開発ではまず、ある特定の業界のリーダー企業に向けて製品開発を行い納品する。この段階の開発は、リーダー企業に密着して、その要求に従って開発する。その後の水平展開の段階では開発した製品をベースに業界標準品として受け入れられるようなスペックをに整えて、同じ業界の他社に一気に売り込む。これが定石である。一方、わが社の場合、最初のGLC向け開発において、客先の要求スペック通りに開発することに専念することは良いとして次のステージの水平展開のためのスペックのことをことをあまり考えていない。次の顧客企業に対しても、最初のGLC向けと同じように個別スペック対応を続けている。これではスピードが遅すぎて、せっかく他社に先駆けて開発した新製品をGDT製品に仕立て上げることはできない。最初のGLC向けは密着個別対応、2社目からは業界標準スペック対応とルール化しなければならない。

○**開発技術者の手離れをよくする**
開発技術者はいつまでも開発した製品に関わるのではなく、直ちに次のGDT製品開発を開始しなければならない。
そのためには、手離れを良くすることが肝要である。
わが社でも多く見かける例だが、開発した新製品を個別の顧客要求に従ってかなり大掛かりなスペック変更に対応している姿である。開発技術者としては新たな技術課題として興味があるかもしれないが、また営業としては担当顧客に対するサービスとして価値があるかもしれないがこれはやってはダメだ。わが社の限られた開発技術者は一つでも多くの新たなGDT製品の開発にマンパワーを使わなければならない。
次のGDT製品の開発に注力するために、すでに開発した製品から開発技術者は早く離れなければならない。

○**実質的な業界標準スペックは何かを考えながらGLC向けの開発をする**
特定GLC向けの開発が終わってから業界標準スペックを検討、設定するのが普通の手順である。しかし、GDT製品開発が生命線であるわが社においては、より迅速な水平展開を実現したい。そのためには、最初のGLC向けの開発をする最中に次の水平展開としての業界標準スペックをどのようにするかを考えて欲しい。常に先を見て、そしてゴールがGDT製品づくりであることを忘れないでいただきたい。

○**多くの企業に採用されるスペックが事実上の業界標準製品となる**
業界標準スペックとして顧客業界に受け入れられるであろう製品仕様を特定GLC向けの新製品開発の途中で並行して検討しなければならない。
今開発しているGLC向けの製品仕様が、他の企業にも受け入れられるのかどうかの見極めである。そのGLCだけの特殊な仕様の部分と、他の一般企業にも共通の仕様なのかを区別、認識して開発をすすめなければならない。営業部隊との意見交換を十分して、営業マンがこれならギリギリだが顧客は受け入れてくれるというスペックを決めなければならない。開発のゴールが事実上の業界標準品づくりであることを忘れてはならない。

5-2 営業に規格受注意識を持たせる

営業マンにとって開発技術者は便利で貴重な存在である。水平展開で新規顧客開拓の際、技術的な説明や、顧客要求をその場でスペックに落とし込むことが可能となる。顧客満足度も高くなる。一方、開発技術者も顧客や営業に大いに喜ばれるので気持ちが良い。一種の達成感も得ることが出来る。しかし、このような行動は中長期的にわが社のGDT製品開発力を弱めることになる。

開発技術者はGLC向けの製品開発を成功させるだけがその使命ではない。もう一つの使命は、自分たち開発技術者があまり関与しなくても、営業部隊がグローバルで一気に水平展開できるように予め準備をしておくことである。そうすることによって開発した新製品をGDT製品に仕立て上げることができるし、自分たちも手離れよく次のGDT製品開発に全エネルギーを投入できる。

そのためには、個別カスタマイズは最小限にした、規格受注に徹することだ。開発技術者が営業マンの規格受注をリードするくらいの気持ちで臨まなければならない。

○規格受注によるスピーディなシェア拡大

世界の常識からすると過剰といわれるほどきめ細かな日本企業の顧客対応がGDTに向けてのシェア拡大の妨げになっている。80年代、90年代のような情報化がまだ進んでいない時代とは異なり、わが社が開発した新製品の情報は瞬く間にコンペチターの知るところとなる。

一刻も早く、トップシェアをとり、業界の事実上の標準品としての地位を獲得しなければ利益はでない。そこで必要となるのが営業マンの規格受注意識である。これまでは微に入り細に入り顧客の要求スペックを営業が技術者に伝え、技術者はそれを片っ端から技術で解決してきた。その結果が顧客満足度の向上であり、次のリピートオーダーにつながるという筋書きでビジネス展開してきた。もうその時代は終わった。一刻も早くGDT製品としての地位を固めなければならない。そのために最優先されるべきなのが規格受注である。可能な限り、顧客が要求する個別のカスタマイズを営業マンが阻止しなければならない。営業マンは顧客のメッセンジャー、代弁者であってはならないのである。

○営業部門と予め業界標準スペックの検討をしておく

多くの顧客企業に受け入れられるであろう事実上の業界標準スペックを設定するにあたっては営業部門との事前の擦り合わせが非常に重要であることは言うまでもない。顧客満足度を過度に損なうことなく、かつわが社の利益が保証される仕様の線引きをするのである。わが社のこれまでの顧客に対する姿勢では線引きをすることはなかった。顧客とわが社の間に線を引くことなく、わが社が顧客に100%合わせて製品を提供してきた。これからは、たやすいことではないが線を引かなければならない。そういう時代環境、経営環境になったのである。わが社も変わらなければならない。線を引く、つまり業界の事実上の標準となるようなスペックを決めて、それ以外のカスタマイズは基本的にしないということを理想ではなく現実のものにしなければならない。このスペックなら規格受注できると担当営業マンが納得できるまで詰めることだ。

○現地営業拠点へのスピーディな移管

一気に水平展開するため、そして開発技術者の手離れをよくするためには国内外の営業、技術サービス拠点へのスピーディ移管が必要である。営業拠点で顧客対応が完結できるように、予め開発技術者はマニュアルや、ドキュメント、そして必要に応じて営業マンの製品研修を実施した方が良い。その分負荷はかかるが、結果として水平展開のスピードアップと開発技術者の手離れが容易になる。わが社では、新製品の開発が完了した後も開発技術者の役目として、水平展開のための予めの準備を怠らないことを習慣化したい。

○60%のトップシェアを目指す

開発技術者のゴールはGDT製品であると言い続けているが、一体どれくらいのシェアをその達成目標にしたらよいのだろうか。もちろん競合他社の数や業界特性などによって異なるであろう。富士フィルム社が開発した液晶画面に貼るワイドビューというフィルムは世界で90%シェアであった。マブチモータ社のブラッシュタイプの小型モータは60%と言われている。乗用車などの差別化がほとんどできない汎用品のビジネスでは市場が大きい代わりに取れるシェアは大きくない。あのトヨタでも10%台である。わが社の新製品の目標シェアについてロジカルに決めることはできそうもない。到達目標としておおよそ60%ぐらいに設定しておけば間違いない。

5-3　一気にグローバルで業界標準をとる行動

開発技術者は特定のGLC向けに提案型で新製品開発を仕掛けて、それを開発し納品する。これで開発技術者の役目が終わったわけではない。わが社の開発技術者が忘れてはならない最も重要な行動がもう一つある。それは、一気にGDT製品の地位の獲得に向けた行動である。新製品がGDT製品としての地位を獲得して初めてわが社の利益につながるのである。
高度情報化の時代にあって、新製品の水平展開をノロノロやっていてはGDT製品とはならない。業界標準スペックを仮説として持ち、規格受注によるシェア拡大のスピードアップ、国内外の営業拠点で完結できる顧客対応などがそのポイントである。
一気にグローバルで事実上の業界標準製品の地位を獲得する動きをイメージしてみよう。

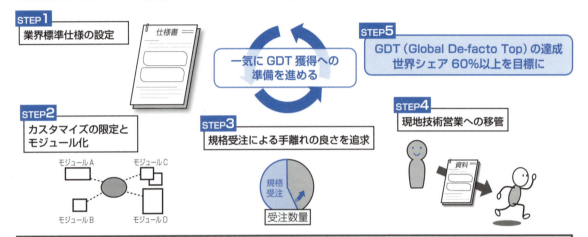

○ステップ1：GLC向けの開発途中に予め業界標準仕様を検討しておく
多くの開発技術者は目の前の開発課題の解決に夢中になり、時として最終着地点であるGDT製品に仕立て上げることを忘れがちである。
わが社の開発技術者はそうであってはならない。最初のGLC向けの新製品開発を相手先に密着して進めると同時に、次のステップとしてのグローバル水平展開のことも考えなばならない。どのような標準仕様にすれば、一気にシェアアップし業界標準製品として認知されるかを考えるのである。GLC向けの開発が終了してからではなく、その開発中に次の展開を考えることでスピーディなGDT製品づくりが実現する。

○ステップ2：カスタマイズを限定した範囲、レベルに抑える
B2Bビジネスにおいては顧客企業の個別要求に合わせることも必要だが、全ての要求に対応してカスタマイズしていては手間がかかり、開発技術者が何人いても足りない状態になる。カスタマイズはするが、その程度、レベルを予め決めておいて、その範囲で対応することだ。また、カスタマイズの種類を限定して、予めその設計をモジュール化しておくのが良い。予め準備した範囲でのカスタマイズということだ。

○ステップ3：規格受注の徹底により開発技術者の手離れの良さを確保する
営業部隊の意識改革が求められる。受注数量が客観的な数値として独り歩きしがちであるが、わが社の営業部隊にとっての重要な指標は受注数量の中の規格受注の割合である。多少のカスタマイズは良しとして、わが社の標準仕様（自社規格）でどれくらいの受注をしたかで開発技術者の効率が決まる。
くどいようだが、GDT製品の数がわが社のバロメーターである。そんなわが社にとって開発技術者の手離れの良さを確保する規格受注は営業マンが徹底すべき基本プレーである。

○ステップ4：営業部隊への移管をズルズルしない
スピーディな水平展開と開発技術者の効率を高めるために、営業への移管のマネジメントも重要である。わが社では、営業マンが新製品の拡販に開発技術者を同伴させて技術的な説明をさせている光景をしばしば見受ける。これはダメだ。開発技術者はGLC向けの新製品開発が完了した後、営業マンが技術営業をするのに必要な技術知見、技術情報を一式まとめて資料作成し、営業部門に提供しなければならない。資料の作成にあたっては、手を抜かず営業マンの立場で使いやすい、分かり易いことがポイントだ。営業マンと一緒に擦り合せて資料作成するのが良い。

○ステップ5：一気に水平展開、60％以上のシェアにもっていく
新製品をGDT製品に仕立て上げるためには、チンタラしていてはだめだ。後発企業に追いつかれてしまう。チョットしたスピードの遅れが本来得られるはずの利益の2〜3割を失う結果につながるという試算もある。シェア60％以上を目標に、一気に水平展開する。60％という数値はアバウトなものである。業界の状況によっては40％でも十分トップシェアをとれるかもしれない。やってみなければわからない。GDTつまり、グローバルの市場で、ニッチ市場であってもかなり大きな市場であっても、そこでわが社の製品がその業界の実質的標準品と認識され、トップシェアをとっている状態をつくることを開発技術者が自分の問題として、リードして欲しいのである。

D 結論とまとめ

1 わが社は開発技術者の行動で他社との差別化をしなければならない。

2 開発ゴールであるGDT製品（グローバル市場で事実上の業界標準となる製品）に向けて最短のルートがある

3 最短ルートは4つのゲートを突破しなければならない
　　gate1: 開発技術者が"売り"を持つ
　　gate2: グローバルのリーダー企業の真のニーズをゲットする
　　gate3: グローバルのリーダー企業に採用される
　　gate4: 事実上の業界標準品となるために、予め規格を設定する

4 わが社の開発技術者行動を差別化するために4つの習慣化が必須である。
　　習慣化①:「顧客から見た価値」で技術ノウハウの"売り"をつくる
　　　　　　「顧客価値」視点でわが社の技術の体系化を進める
　　習慣化②: 10％完成度のサンプル試作（"ブツ"）の量とスピードで勝負する
　　　　　　試作工房など、試作力、試作スピードで他社の追随を許さない
　　習慣化③: "ブツ"を持って世界のリーダー企業を定期的にキャラバンする
　　　　　　わが社の開発技術者は世界のリーダー企業との接触度でNo.1になる
　　習慣化④: 手離れよく一気にグローバル水平展開する
　　　　　　個別カスタマイズの最小化、開発技術者の手離れを良くする

言視舎刊行の水島温夫の本

わが社の「つまらん！」を変える本①
中期経営計画が「つまらん！」
戦略的な"動き"はどこに消えた？

水島温夫 著
978-4-905369-96-7
四六判並製　定価933円＋税

わが社の中期経営計画はつまらん！　勝てる気がしない！　ではどうする？　進化・変化のスピードで世界の競合に勝つ！　そのためには、ビジネスモデルなどの"形"ではなく"動き"のマネジメントを簡略化することが必要だ。この本が"動き"を中軸にした「中計」づくりを教えます。経営企画部必読！

わが社の「つまらん！」を変える本②
社内研修が「つまらん！」
"集団力"はどこへ消えた？

水島温夫 著
978-4-905369-84-4
四六判並製　定価1000円＋税

個人を強化するだけでは企業は強くならない。この本が「集団力」を育成する社内研修の方法を教えます。「集団力で世界に勝つ」「四つの集団力を高める」「事業の増収増益に直結させる」ほか、人材開発部必読！

「ニ」族と「ヲ」族で、世界がわかる！
日本企業が世界で逆襲するための事業戦略

水島温夫 著
978-4-86565-059-4
四六判並製　定価1500円＋税

「ニ」族企業＝相手に自分を合わせる。「ヲ」族企業＝相手を自分に合わせる。「ニ」族と「ヲ」族という視点で日本企業の繁栄と停滞を理解し日本企業の「第3ラウンド」にどう勝つか？　世界で勝つための10の戦略フレームを提案。

社長から開発技術者へのメッセージ

17のメッセージ

❶ GDTをとれば儲かる！
❷ わが社の開発部隊の本来のミッションはGDT製品づくりだ！
❸ 顧客業界のリーダー企業に絞ればGDT製品の開発ができる！
❹ 開発技術者が業界リーダー企業に提案型のアプローチをすればいい！
❺ 開発部隊が提案の武器として"売り"を持てばいい！
❻ 「顧客から見た価値」で技術体系を作り直す！
❼ 簡単な試作"ブツ"を持って、リーダー企業との「場」を持とう！
❽ 世界の業界リーダー企業をキャラバンすればチャンスは多い！
❾ ここまでやって、やっと顧客から真のニーズが出てくる！
❿ ニーズに最も近い技術、事例からスタートすれば一番乗りできる！
⓫ すべて自前主義という考えを棄てよう！
⓬ 知財を固めて試作品で顧客に提示しよう！
⓭ フィードバックのスピードで勝負が決まる！
⓮ 水平展開のシナリオを営業と詰めておこう！
⓯ 本気のモジュール化、イージーオーダー化が消耗戦を防ぐ！
⓰ 一気にグローバルシェア60％以上をとる！
⓱ わが社流の開発行動シナリオをつくり、その"動き"を共有しよう！

1

どうすれば儲かる製品を開発できるのだろうか？

GDTをとれば儲かる！

- わが社の開発部隊の役割は儲かる製品を開発することだ
- 後追いではダメだ
- 市場は小さくとも、そこで大きなシエアだ。小さな池の大きなカエルみたいな製品をつくれば良い
- GDT（Global De-facto Top）つまり、世界の顧客を相手にして、事実上の業界標準をとり、トップシェアの製品を開発すれば高収益事業となる
- 機能性材料や機能製品で高収益をあげている企業をみると、しっかりGDT製品をつくっている

2

われわれ開発部隊の最大の役割・ミッションは何だ？

わが社の開発部隊の本来のミッションはGDT製品づくりだ！

- わが社の開発技術者の本来の役割、つまりミッションはGDT製品を次々につくり出すことにある
- GDT製品を継続的につくり出すことによって企業が高収益化する"ミッションGDT"を遂行することに集中しよう！
- GDT製品づくりに絞って、そこに向けての"行動密度"を高めよう！
- "ミッションGDT"を合言葉に開発部隊の行動自体を大きく変えよう！
- そのためには開発技術者行動の選択と集中が必要だ

3

われわれ開発部隊にとっての顧客とは誰だろう？

顧客業界のリーダー企業に絞ればGDT製品の開発ができる！

- GDT製品を目指すなら、まずは顧客業界のリーダー企業に採用されなければならない
- 事業部や営業はできるだけ広く、多くの顧客を対象とするが、わが社の開発部隊の対象は業界リーダー企業に絞るべきだ
- 少なくとも、色々な顧客業界のリーダー企業については、開発技術者が自分達で熟知しなければならないし、直接コネクションを持たなければならない
- これだけは、事業部や営業に決して頼ってはいけない
- わが社の開発部隊の仕事は業界リーダー企業に新製品を営業に頼らず直接提案・提供することだ！

4

しかし、どうしても目の前のお客様の対応に一生懸命になってしまう！どうしたらよいのか？

開発技術者が業界リーダー企業に提案型のアプローチをすればいい！

- 「忙しい！ 目の前のお客様の技術対応で精一杯だ」という現状はわかる
- この状況では本来のGDT製品開発に手が廻らない
- 今は、営業経由で既存のお客様向けの開発課題が山積している。今後は、少なくとも半分は業界リーダー企業向けの開発テーマにしたい
- 開発技術者が自力で業界リーダー顧客にアプローチするのだ！
- 忙しいことに変わりは無いが、本来のミッションであるGDT開発に一歩近づく！

5

どうすれば業界のリーダー企業へ提案できるのだろうか？

開発部隊が提案の武器として"売り"を持てばいい！

- わが社だけでなく、競合他社も業界リーダー企業をターゲットにしている
- リーダー企業がわが社を簡単には相手にしてくれるほど甘くはない
- 提案するためには、わが社として他社とは一味違う技術・ノウハウの"売り"をつくれなければ相手にされない
- 自社に蓄積された技術に外部、異分野の技術を持ってきて複合・融合させることで"売り"を深耕したり、新たな"売り"をもつことができる
- わが社の"売り"の入った提案があれば業界リーダー企業に切り込める！

6

われわれ開発部隊の"売り"をどうつくればいいのか？

「顧客から見た価値」で技術体系を作り直す！

- わが社の開発部隊に"売り"と言えるものはあるのか？
- いろいろ良い技術ノウハウを持っているが、"売り"として見えるカタチになっていないのではないか
- わが社の技術ノウハウは基礎技術別、製品技術別で整理されているが、必要なのは「顧客から見た価値」で技術体系を作ることだ
- 「顧客から見た価値」で自分達の技術やノウハウを整理して、"売り"に仕立て上げるのだ
- 技術用語でなく、顧客価値用語で分かり易い技術ノウハウの"売り"をつくれば提案しやすい
- わが社の開発技術者は複数の"売り"をつくり、それを武器に提案しまくるのだ！

7

リーダー企業にうまくプレゼンできるだろうか？

簡単な試作"ブツ"を持って、リーダー企業との「場」を持とう！

- "売り"をブツにしよう。パワーポイントだけのプレゼンでは迫力がない
- 完成度10%でよいから試作品、サンプルにしてリーダー企業との「場」を持とう
- "ブツ"があると具体的で顧客サイドも喜んでくれる
- "ブツ"があると社内でも多くの意見、アドバイス、ヒントを集めやすい
- 完成度10%くらいでも良いから、"ブツ"を持って顧客に提案しよう
- "ブツ"で発信」、"ブツ"でコミュニケーション」ということだ

8

どうしたらグローバル視点で開発できるだろうか？

世界の業界リーダー企業をキャラバンすればチャンスは多い！

- 今まで、われわれ開発部隊は既に付き合いのある身近な日本企業へアクセスしてきた。しかし、今後はグローバルな視点で世界のリーダー企業に提案することが必要だ。日本企業への提案だけではダメだ
- 思い切って世界のリーダー企業を順番に"ブツ"を持ってキャラバンしよう
- 開発技術者はやりやすい日本企業だけを相手にしていてはダメだ
- 簡単な試作"ブツ"をスーツケースに詰め込んで、格安航空券を買って世界のリーダー企業に提案しまくる
- キャラバンの隊長は開発のグループリーダーの役目だ
- 開発技術者こそがわが社のグローバル化を牽引しなければならない

どうしたら真の顧客ニーズを
キャッチできるだろうか？

9

ここまでやって、やっと顧客から真のニーズが出てくる！

・人間は簡単な試作"ブツ"を見ると急に反応する
・簡単な試作"ブツ"があると、それを目の前にした顧客も自分達のニーズを頭の中で整理しはじめる
・ニーズは顧客側に既にあるものではなく、簡単な試作"ブツ"を前にした顧客の脳にスイッチが入り、気づくものなのだ！
・ここで、はじめて真の顧客ニーズをキャッチできるのだ
・ここまでは真のニーズに出会うための準備段階であり、前奏曲なのである
・簡単な試作"ブツ"で相手をゆさぶると、真のニーズが相手からこぼれ出てくるわけだ！

どうしたら一番乗りの開発を
することができるだろうか？

10

ニーズに最も近い技術、事例からスタートすれば一番乗りできる！

・真の顧客ニーズを掴んだら、あとは開発スピードの勝負だ
・そのニーズに最も近い技術ノウハウからスタートすれば開発スピード勝負で勝てる
・ニーズに合わせて技術を探したのでは遅くなる
・わが社の"売り"をベースとした提案に反応して真のニーズが出てくれば、他社よりも技術的に有利なところからスタートできる
・ニーズに最も近い過去の製品事例、ソリューション事例を社内外から探すことも可能だ
・一番乗りの開発をするためには、わが社の技術ノウハウをもとにつくった"売り"とそれをベースにした提案が必須なのである

開発するために不足している技術
ノウハウをどうしたらよいだろう？

11

すべて自前主義という考えは捨てよう！

・わが社の"売り"とその技術ノウハウが開発の中核だが、その他足りない技術は社外から取り込めるものは取り込もう
・開発スピードが勝負の時代では、すべてを自前主義で進めるのは愚かだ
・世界を代表する優良企業P&GもC&D（Connect & Development）という言葉を作って、社外からの技術導入を全社的に進めている
・わが社の開発技術者一人ひとりが外部の技術関連の人々とコミュニケーションチャネルを持つ以外に方法はない。もちろん組織としてコネクションづくりの支援はする

評価技術は客先が持っている。
知的所有権をどう有利に確保したら
よいのだろうか？

12

知財を固めて試作品で顧客に提示しよう！

・ゲットした業界リーダー顧客の真のニーズをもとに、ある程度満足する試作品ができた時点で提案に出向こう
・さらに、周辺ニーズや詳しいスペックが明らかになるはずだ
・早く最終スペックを決めることができれば勝てる
・その時までに、われわれの知的所有権の範囲をしっかり確保しておくことだ
・確保する前に提案しては絶対にダメだ
・開発技術者の仕事の大半が知的所有権を確保したり、隙間をすり抜けたりするために費やされるが、開発技術者の基本活動であると覚悟が必要だ
・もちろん、特許の調査や申請のサポートは組織として支援する

13

開発スピードを
どう高めたらよいのだろうか?

フィードバックのスピードで勝負が決まる!

- 開発のスピードとは試作とフィードバックを繰り返して重ねるスピードといって間違いない
- 試作をスピーディにつくれることがポイントだ。試作品を見て触ることで社内の周囲の知恵や外部の知恵を次々にフィードバックできる
- ホンダでは、試作品を持って「これ、どう思う?」と聞きまくるそうだ
- 顧客とのやり取りもブツでコミュニケーションできれば効率的だ
- 開発スピード≒試作フィードバックのスピードだ
- わが社もスピーディな試作とフィードバックで他社を凌駕しなければならない

14

後発企業に追いつかれないために
どうしたらよいのだろうか?

水平展開のシナリオを営業と詰めておこう!

- わが社の開発技術者はいつも目の前の製品の開発のことだけで頭が一杯だ
- しかし、われわれの最終的目標はGDT製品づくりであることを忘れてはならない
- GDT製品は開発した製品をグローバルに水平展開してシェア60%以上を獲得してはじめて実現する
- だから、予め水平展開のことを視野に入れてリーダー企業向けの開発を進める必要がある
- グローバルに一気に水平展開するのは営業が中心に進めるから、予め営業部隊とそのシナリオを擦り合せることだ
- 営業がチンタラしていたら、開発技術者がリードしよう

15

水平展開における手離れの良さを
どう確保すればよいのだろうか?

本気のモジュール化、イージーオーダー化が消耗戦を防ぐ!

- スピーディな水平展開をグローバル市場で行なうためには、技術的な手離れの良さを確保しておかなければならない
- 顧客ごとに個別に深く対応しては、営業も技術者も消耗戦に陥ってしまう
- いかにして、開発技術者の関与が少ない形で水平展開できるようにするかだ
- 製品設計におけるある種のモジュール化が必要だ
- 顧客の個別のカスタマイズではなく、イージーオーダー的に対応できれば消耗することなく水平展開のスピードは確保される
- わが社の開発技術者は常に、「いかに手離れ良く売ることができるか」を考えて製品を開発しなければならない

16

営業部隊はグローバル市場で
しっかり売ってくれるだろうか?

一気にグローバルシェア60%以上をとる!

- 水平展開のスピードが遅いと、競合他社に追いつかれてGDTをとれない
- 営業と協力して一気にシェア60%以上をとらなければならない
- そのためにはまず、営業が技術営業できるように開発技術者が技術移転を早めに進めることだ
- さらに、グローバル市場では現地の技術営業マンに分かり易い技術対応マニュアルを準備しておくことだ
- こうすることで一気に60%シェアをとることができ、開発した製品がグローバルで業界標準品となる
- わが社の開発技術者はそこまでを視野に入れ、責任を持ったGDT開発をしてほしい

GDTに向けての戦略的行動を
どうしたら組織として
共有できるだろうか？

わが社流の開発行動シナリオをつくり、その"動き"を共有しよう！

・わが社の開発技術者のミッションはGDT製品開発だ
・GDT製品開発の行動には定石があるが、まだまだわが社では非効率な個人プレーの域を脱していない
・GDTへの最短距離の"動き"をわが社の開発部隊の行動シナリオとして共有しなければならない
・体が自然に反応して動くような、そんな開発技術者集団でありたい
・わが社流の行動を共有して、その上に、更に個人の特技を上乗せすれば最強の開発部隊となる
・そんな、凄い"動き"を共有した開発部隊でありたい
・わが社流の行動を差別化して、その行動シナリオを共有しようではないか

著者……水島温夫（みずしま・あつお）
フィフティ・アワーズ代表取締役。製造業からサービス業に至る幅広い業界にわたり事業コンサルティング活動を展開。事業戦略及び新規事業開発に関する 150 社を超えるプロジェクト実績を有する。35 年に及ぶコンサルティングの積み重ねの中から、日本企業の特性にもとづく独自の手法を開拓。
慶應義塾大学機械工学修士、スタンフォード大学化学工学修士およびスタンフォード大学シビルエンジニアリング修士。(株)IHI・エンジニアリング事業部を経て、三菱総合研究所国際コンサルティング部長、経営コンサルティング事業センター長、(ドイツ) MRI-SP GmbH 副社長、等歴任。
主な著書に、『50 時間で会社を変える』(日本実業出版社)、『技術者力の高め方』、『組織力の高め方』(以上 PHP 研究所)、『50 時間の部長塾』(生産性出版)、『中期経営計画がつまらん！』ほか「つまらん！」シリーズ、『「ニ」族と「ヲ」族で世界がわかる！』、『[図説] B2B 事業のプライシング戦略』『[図説] 新規事業の座礁とリスタート』(言視舎)。
講演、研修等のお問い合わせは fujii@50hrs.co.jp まで。

装丁………佐々木正見
DTP 制作、イラスト………ＲＥＮ
編集協力………田中はるか

社長から技術者へのメッセージ
[図説] 開発行動の差別化

発行日❖2019 年 8 月 31 日　初版第 1 刷

著者
水島温夫

発行者
杉山尚次

発行所
株式会社 言視舎
東京都千代田区富士見 2-2-2 〒 102-0071
電話 03-3234-5997　FAX 03-3234-5957
https://www.s-pn.jp/

印刷・製本
中央精版印刷株式会社

ⓒ Atsuo Mizushima, 2019,Printed in Japan
ISBN978-4-86565-156-0 C0334

言視舎刊行の水島温夫の本

わが社の「つまらん！」を変える本④
新事業開発が「つまらん！」
4つの壁を突破する戦略はこれだ！

水島温夫 著
978-4-905369-84-4
四六判並製　定価1000円+税

なぜ、新事業開発は後回しになってしまうのか？　実現を阻む「情報・知識の壁」「事業カルチャーの壁」「自前主義の壁」「意識・自覚の壁」とは何か？　画期的な提案「海外企業とマイナー合弁」！　イラストと図でわかりやすく解説。

B2B事業のチェックリスト
図説　Ｂ２Ｂ事業のプライシング戦略
50のチェックリスト

水島温夫 著
978-4-86565-105-8
Ｂ５判並製　定価1200円+税

５０のチェックリストですぐに使える！　語られることがなかった《Ｂ２Ｂにおける値付け》を初解説！　いま、なぜプライシング戦略なのか？　汎用品営業が低価格傾向のなかで、消耗戦から抜け出せないでいる。日本企業の風土にあった具体策を提案。

図説　新規事業の座礁とリスタート
4つの視点／50のチェックリスト

水島温夫 著
978-4-86565-128-7
Ｂ５判並製　定価1200円+税

新規事業がうまくいかない理由はなにか？　どうしたら挫折から回復できるか？　その解決策を簡潔に図説！
問題を発見するための４つの視点を提示。これを点検すれば問題解決にいたる具体的なチェック項目を提案。新規事業はもちろん、従来の事業にもすぐに使える画期的ノウハウ。